排他的経済水域及び大陸棚の
保全及び利用の促進のための
低潮線の保全及び拠点施設の整備等
に関する法律

◆逐条解説

低潮線保全法

◆監修◆
内閣官房
総合海洋政策本部
事務局

国土交通省港湾局

◆編著◆
低潮線保全法研究会

株式会社 大成出版社

はじめに

我が国は、領海と排他的経済水域を合わせて、国土面積の約十二倍、世界第六位の管轄海域を有する海洋国家であり、古くから輸送、食糧の確保の場として海を利用し、海から多大な恩恵を受け発展してきました。今日、資源に対する需要が世界的に拡大し、安全で安心な海上輸送への要請が高まる中で、海の役割はこれまで以上に重要になっています。

このような中で、我が国においては、平成十九年に海洋基本法が整備され、政府に内閣総理大臣を本部長とする総合海洋政策本部が設置されるなど海洋政策が総合的・戦略的に推進されています。

このような政策の一環として、昨年五月には、政府として排他的経済水域等の保全及び利用の促進に関する取組の一層の推進を図るための新たな法律が成立しました。これが本書で解説する「排他的経済水域及び大陸棚の保全及び利用の促進のための低潮線の保全及び拠点施設の整備等に関する法律」(低潮線保全法)です。

この法律の内容は、その長い名称が全てを表しており〝排他的経済水域と大陸棚〟を〝保全し、利用することを促進〟するため、これら(排他的経済水域と大陸棚)を定める基礎となる〝低潮線(海岸線)を保全〟することと、これら(排他的経済水域と大陸棚)に係る〝活動の拠点となる施設を整備〟すること等に関して定めるものです。

（独）石油天然ガス金属鉱物資源機構の調査によると、我が国の周辺海域では、パソコンや携帯電話、ハイブリッドカーなどに使われるレアメタル（希少金属）の賦存が確認されています。近年、資源産出国において資源ナショナリズムが急速に高まりつつある中、我が国の産業に欠かせない資源の安定的確保の観点から、排他的経済水域と大陸棚を安定的に利用できる環境の整備の必要性が認識されるようになりつつあります。低潮線保全法では、本土から遠隔の地にある離島であって、その周辺に鉱物資源等の天然資源の存在が期待される等により排他的経済水域と大陸棚の保全と利用に関する活動の拠点として重要な離島について「特定離島」として指定するとともに、特定離島においては国土交通大臣が活動の拠点となる港湾の施設について自ら整備・管理をすることとしています。既に低潮線保全法に基づき南鳥島と沖ノ鳥島が特定離島として指定され、南鳥島については、本年度より港湾の施設を整備する事業が始まっており、今後、これらの離島を拠点とした排他的経済水域と大陸棚の利用に関する活動が、更に進められていくことが期待されます。

本書が低潮線保全法、さらには海に対する理解の促進に役立つこととなれば幸いです。

平成二十三年一月

低潮線保全法研究会

◆目次◆

第三章 低潮線保全法の概要

第二部　逐条解説

第四章　特定離島港湾施設

第五章　雑則

第六章　罰則

第七章　施行期日

参考資料

参考資料4

海洋管理のための離島の保全・管理のあり方に関する基本方針〔平成二十一年十二月一日　総合海洋政策本部〕……136

本法は、平成二十二年六月二日（法律第四十一号）に公布されています。今後、環境の変化等に応じて、法律・政令等に改正が加えられる場合があります。その場合には、弊社（大成出版社）のホームページでご紹介いたします。

第一部

序論

第一章　海洋政策に関する我が国の取組み

(一)　海洋基本法

我が国の国土面積は約三十八万平方キロメートルと世界第六十一位であるが、領海と排他的経済水域を合わせた管轄海域は約四百四十七万平方キロメートルと世界第六位となっており、海に囲まれた我が国は、海洋立国として海洋の平和的かつ積極的な開発及び利用と海洋環境との調和を図っていくことが重要である。このような認識の下、海洋立国の実現を国家戦略として位置づけ、我が国の海洋政策の新たな制度的枠組みを整えるため、平成十九年四月には超党派の議員立法である海洋基本法が設けられた。(図1)

この法律は、海洋に関し、基本理念を定め、国、地方公共団体、事業者及び国民の責務を明らかにし、海洋に関する基本的な計画の策定その他海洋に関する施策の基本となる事項を定めるとともに、政府に内閣総理大臣を本部長とする総合海洋政策本部を設置することにより、海洋に関する施策を総合的かつ計画的に推進することを目的としている。

図1

排他的経済水域及び大陸棚の保全及び利用の促進のための低潮線の保全及び拠点施設の整備等に関する法律案の提出に至るまでの経緯

平成19年4月　海洋基本法の成立（議員立法）

↓

平成19年7月　海洋基本法の施行

↓

平成19年7月　総合海洋政策本部の設置
本部長：内閣総理大臣
副本部長：内閣官房長官、海洋政策担当大臣
全閣僚がメンバー

↓

平成20年3月　海洋基本計画の策定

↓

平成20年11月　大陸棚延長申請の決定

↓

平成21年3月　海洋エネルギー・鉱物資源開発計画の策定

↓

平成21年12月　海洋管理のための離島の保全・管理のあり方に関する基本方針の決定

↓

低潮線保全法案の提出

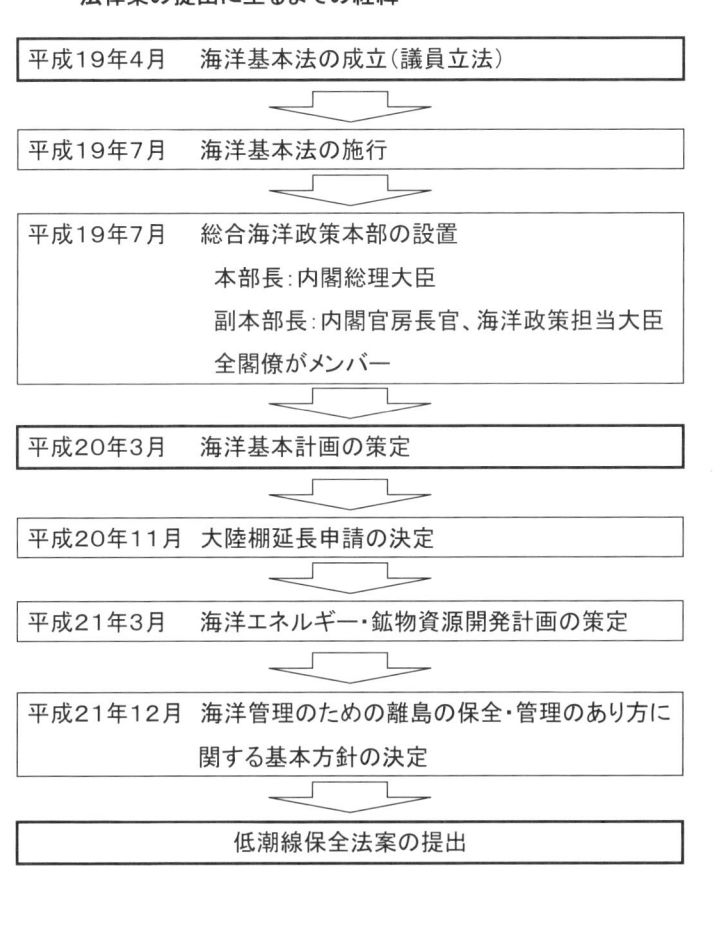

(二) 海洋基本計画(図2)

海洋基本法の施行(平成十九年七月)を受け、内閣総理大臣を本部長、内閣官房長官と海洋政策担当大臣(平成二十三年一月時点は国土交通大臣が担務)を副本部長、全閣僚をメンバーとする総合海洋政策本部が政府に設置された。また、海洋基本法の規定に基づき「海洋基本計画」が全府省の連携の下で作成され、平成二十年三月には、総合海洋政策本部決定(同日に閣議決定)がされた。

海洋基本計画は、「海洋における全人類的課題への先導的挑戦」「豊かな海洋資源や海洋空間の持続可能な利用に向けた礎づくり」「安心・安全な国民生活の実現に向けた海洋分野での貢献」を目指すべき政策目標とし、海洋の開発及び利用と海洋環境保全との調和、海洋の安全の確保等の六つの基本的な方針と、政府が総合的かつ計画的に講ずべき施策として十二項目を掲げている。

海洋基本計画に基づき、政府は総合海洋政策本部を中心に海洋に関する様々な施策を実施、実現してきたところであり、例えば、喫緊の課題であった公海における海賊行為に対処するため、平成二十一年六月「海賊行為の処罰及び海賊行為への対処に関する法律」を整備している。

また、基本計画において政府が総合的かつ計画的に講ずべき施策には、後述の「離島の基本方針」策定や今回の低潮線保全法制定につながる「排他的経済水域等の開発等の推進」や排他的経済水域等を定める根拠となっている「離島の保全等」が掲げられている。

図2

海洋基本計画の概要

計画期間：5カ年間
（5年後（平成24年度）を見通して策定）

目指すべき政策目標
- 目標1 海洋における全人類的課題への先導的挑戦
- 目標2 豊かな海洋資源や海洋空間の持続可能な利用に向けた礎づくり
- 目標3 安全・安心な国民生活の実現に向けた海洋分野での貢献

第1部 基本的な方針

① 海洋の開発及び利用と海洋環境の保全との調和
水産資源の回復、エネルギー・鉱物資源の技術開発プログラムの策定等が必要

サンゴと魚たち
出典 水産庁HP

② 海洋の安全の確保
安全の確保のための制度の整備と体制強化、海上交通の安全確保、自然災害の脅威への対応強化等が必要

タンカー火災事故
出典 海上保安庁HP

③ 科学的知見の充実
海洋に関する調査・研究体制の整備、人材の育成・確保、研究開発の戦略的推進等が必要

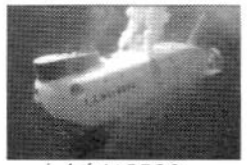
しんかい6500
出典 （独）海洋研究開発機構HP

④ 海洋産業の健全な発展
海洋産業の国際競争力や経営基盤の強化、新産業創出の促進等が必要

コンテナ船
出典 国土交通省港湾局HP

⑤ 海洋の総合的管理
海洋の様々な特性を総合的に検討する視点を持って、国際海洋秩序の形成、EEZ等の適切な管理等に取り組むことが必要

総合海洋政策本部会合の様子
出典 総合海洋政策本部HP

⑥ 海洋に関する国際的協調
海洋秩序の形成・発展に先導的役割を果たすとともに、国際司法機関の活用・支援、国際連携・協力の積極的推進等が必要

国連会議の様子
出典 国連広報センターHP

第2部 政府が総合的かつ計画的に講ずべき施策

① 海洋資源の開発及び利用の推進
水産資源の管理措置の充実、取締り強化等。エネルギー・鉱物資源の商業化に向け資源調査等を推進。

② 海洋環境の保全等
海洋保護区のあり方の明確化と設定、水環境の改善、漂流・漂着ゴミ対策、地球環境保全への貢献。

③ 排他的経済水域等の開発等の推進
大陸棚限界設定の努力。科学的調査等の制度整備を含む検討・措置。エネルギー・鉱物資源開発計画。

④ 海上輸送の確保
外航海運業の国際競争条件整備、船員等の育成・確保のための環境整備、海上輸送拠点の整備。

⑤ 海洋の安全の確保
安全の確保のための制度の整備、体制強化、海上交通の安全確保、自然災害への対応強化等を推進。

⑥ 海洋調査の推進
海洋管理に必要な海洋調査の実施、海洋情報の一元的管理・提供・蓄積体制の整備。

⑦ 海洋科学技術に関する研究開発の推進等
研究開発の推進、船舶等の施設設備や人材等の基盤整備及び関係機関の連携強化。

⑧ 海洋産業の振興及び国際競争力の強化
経営体質の強化、技術力の維持等による競争力の強化、海洋バイオマス等新技術の開発・導入。

⑨ 沿岸域の総合的管理
総合的な土砂管理等の陸域と一体の施策、適正な利用関係の構築、管理のあり方の明確化等の推進。

⑩ 離島の保全等
離島の保全・管理に関する基本的方針の策定、創意工夫を生かした産業振興等による離島の振興。

⑪ 国際的な連携の確保及び国際協力の推進
周辺海域の秩序、国際約束の策定等に対応。国際的取組への参画、諸分野での国際協力を推進。

⑫ 海洋に関する国民の理解の増進と人材育成
海の日における表彰等の行事の推進、学校教育及び社会教育の充実、人材の育成。

我が国の経済社会の健全な発展及び国民生活の安定向上

海洋と人類の共生への貢献

第3部 その他必要な事項

施策の効果的な実施、関係者の責務及び相互の連携・協力、情報の積極的な公表

(三) 離島の基本方針(図3)

離島の基本方針(海洋管理のための離島の保全・管理のあり方に関する基本方針)は、「海洋基本計画」に基づき策定されたものであり、平成二十一年十二月に総合海洋政策本部決定されている。

我が国は、北海道、本州、四国、九州、沖縄本島のほか、海上に展開する六千余りの島で構成されている。これら離島は、排他的経済水域及び大陸棚の限界を定める基礎となっているなど、国連海洋法条約に基づき、我が国が領海において主権を行使し、また、排他的経済水域等において海洋資源の開発・利用に関する主権的権利を行使するための重要な拠点となっている。このため、これら離島の役割を明確にするとともに、関係府省の連携の下、離島の保全及び管理を的確に行うための指針として策定されたものである。

この指針では、「排他的経済水域を決定する基線を含む一定の区域について、不当な占有や低潮線を変更させるような掘削による損壊等を規制する措置を講じる」こと、海洋に関わる活動を支援・促進するために、離島を活用することが有効であることから「海洋における諸活動が、本土から遠く離れた海域でも安全かつ効率的に行えるよう」「燃料や物資の輸送や補給、荒天時の退避等が可能な活動拠点の整備を推進する」ことが掲げられており、今般の低潮線保全法の制定はこの基本方針に基づく施策の一つである。

図3

「海洋管理のための離島の保全・管理のあり方に関する基本方針」の概要

1. 基本方針の目的・意義

国土面積（約38万km²）の約12倍に及ぶ排他的経済水域等面積（約447万km²）の管轄海域の適切な管理のため、離島の保全及び管理を的確に行う。

2. 離島の役割

1）離島が安定的に存在することで、排他的経済水域など我が国の管轄海域の根拠
2）広大な海域における様々な活動を支援し促進する拠点
3）海洋の豊かな自然環境の形成や人と海との関わりにより形作られた歴史や伝統を継承

（例）南鳥島の役割
→国土面積の1.13倍の約43万km²を確保
→周辺に海底資源が有望

3. 離島の保全・管理に関する施策

1）海洋に関する我が国の管轄権の根拠となる離島の安定的な保全・管理
①状況把握・データ収集及び一元管理
→最新技術による調査、土地・海域利用状況の把握
②離島及び周辺海域における監視の強化
→人工衛星による画像撮影、巡視船等による監視
③低潮線を変更させるような行為の規制等の推進
→無主不動産の国有財産化、損壊行為の規制
④関係府省による情報共有・対応体制の構築
⑤名称不明離島の名称の決定・地図等への記載

2）海洋における様々な活動を支援し促進する拠点となる離島の保全・管理
①海洋資源の開発及び利用の支援
→海洋エネルギー・鉱物資源開発の推進
②遠隔に位置する離島における活動拠点の整備
→港湾等による諸活動・物資輸送の効率化
③海洋の安全の確保
→不審船・海上犯罪の取締り、海難救助体制の充実

3）海洋の豊かな自然環境の形成の基盤となる離島及び周辺海域の保全・管理
①状況把握・データ収集
②海洋保護区の設定等による保全・管理の推進
③離島における自然環境保全の取組推進

4）人と海との関わりにより形作られた離島の歴史や伝統の継承

4. 離島の保全・管理に関する施策の推進体制等

5. 国民等に対する普及啓発

第二章　低潮線保全法制定の経緯

（一）排他的経済水域及び大陸棚の重要性

海に囲まれ、かつ国土の面積も狭隘な我が国にとって、我が国周辺の排他的経済水域及び大陸棚（以下「排他的経済水域等」という。）は、貴重な海洋エネルギー・鉱物資源の開発、水産資源の利用を排他的に行うことが認められている貴重な場であり、排他的経済水域等が適切に保全され、利用できるか否かは、我が国経済活動に大きな影響を与えるものである。

海洋基本法（平成十九年法律第三十三号）においても、「海洋の開発及び利用が我が国の存立の基盤」であるとともに「良好な海洋環境の保全」が「人類の存続の基盤」であるとの認識の下、排他的経済水域等の利用及び保全が重要であると謳われており、加えて、海域の特性に応じた排他的経済水域等の開発の推進、排他的経済水域等における我が国の主権的権利を侵害する行為の防止その他の必要な措置を講ずべきとされている。

（二）低潮線の保全と活動の拠点となる施設整備の必要性

排他的経済水域等を利用する活動を行うためには、排他的経済水域等が安定的に保持されていること、排他的経済水域等の保全及び利用に関する活動のための環境が整備されていることが重要であり、これらに係る措置、施策等を関係者が協働して総合的かつ計画的に行うことは我が国の経済社会活動の健全な発展及び国民生活の安定向上に大いに寄与するものである。

「排他的経済水域等が安定的に保持されているか」との観点から我が国の現状を見れば、排他的経済水域等は、国連海洋法条約において沿岸国が公認する海図に記載されている海岸の低潮線（干満により海面がもっとも低くなったときの陸地と水面との境界。）により定めることとされており、これらの区域の形状を安定的に保持することが重要となる。すでに海岸法や港湾法等の各公物管理法に基づく措置により、海岸保全区域や港湾区域の設定と行為規制が行われ、実態として排他的経済水域等の保持が図られている区域があるものの、あくまでそれぞれの法目的を達成するために行われており、排他的経済水域等の保全の観点からこれらの基礎となる低潮線の全てを対象として人為的な損壊からの保全措置を行うことは困難となっており、実際に我が国の排他的経済水域等の基礎となっている低潮線であっても海岸保全区域内に存在しないものが数多くある。

また、「排他的経済水域等の保全及び利用に関する活動のための環境が整備されているか」との観点から我が国の現状を見れば、海域の近傍における活動の拠点施設、とりわけ移動及び物資の輸送を支える港湾の施設の有無が重要となるが、遠隔に位置する離島については、このような活動の拠点となる施設は十分整備されておらず、活動する場合においても遠く離れた離島までの移動を余儀なくされる等、特に我が国本土から遠隔にある排他的経済水域等における利用活動の実施が困難となっている。

(三) 低潮線保全法の国会提出と審議の経過

このような状況を踏まえ、排他的経済水域等の保全及び利用を促進するため、低潮線の保全及び拠点施設の整備等に関する施策を総合的かつ計画的に推進する仕組みを整えるとともに、緊急に具体的な制度整備が求められている「我が国排他的経済水域等の基礎となる低潮線の保全のための行為規制」及び「特定の離島を拠点とした港湾の施設の建設等」に関する所要の制度を整備することにより、政府として排他的経済水域等の保全及び利用の促進に関する取組みの一層の推進を図ることを目的として、「排他的経済水域及び大陸棚の保全及び利用の促進のための低潮線の保全及び拠点施設の整備等に関する法律案」を第百七十四回国会に提出した。

その後、平成二十二年五月十一日衆院国土交通委員会審議、五月十四日衆院国土交通委員会採決（全会一致）、五月十八日衆議院採決（議長による異議の確認⇩異議なし）、五月二十五日参院国土交通委員会審議・採決（全会一致）と審議・採決がなされ、五月二十六日参院本会議において採決の結果、全会一致で可決・成立した。

第三章　低潮線保全法の概要

本法律は、その名が示すように「排他的経済水域と大陸棚を保全し、利用することを促進」するために、これらを定める根拠となっている「低潮線（海岸線）を保全」し、「活動の拠点となる施設整備」をすることをその内容としている。その具体的な措置内容として「低潮線保全区域の設定と行為規制」と「特定離島の指定と特定離島港湾施設の整備等」、これら二つを含めた排他的経済水域と大陸棚を保全し、利用を促進する施策を総合的かつ計画的に進めるための「基本計画の策定と推進」という三つが柱となっている。これら三つの措置の具体的な内容について以下に説明する。（図4）

（一）基本計画の策定と推進（法第一章・第二章）

排他的経済水域等の保全及び利用の促進のため、低潮線の保全と活動の拠点となる施設の整備等に関する施策の総合的かつ計画的な推進を図るための基本計画を定めることとしている。基本計画は平成二十二年七月十三日に閣議決定された。

我が国における排他的経済水域及び大陸棚の保全及び利用に関する活動については、まだ道半ばであり、計画・調査段階にあるもの、検討の俎上に載ったばかりのものも少なくない。

図4　低潮線保全法の概要

排他的経済水域及び大陸棚の保全及び利用の促進のための
低潮線の保全及び拠点施設の整備等に関する法律

背景

・我が国は国土面積（約38万km^2）の約11倍の世界有数の排他的経済水域の面積（約405万km^2）を設定。
・平成20年11月の大陸棚延長申請、平成21年3月の「海洋エネルギー・鉱物資源開発計画」の策定、平成21年12月の「海洋管理のための離島の保全・管理のあり方に関する基本方針」の決定等が行われた。
・排他的経済水域等の確保に資する低潮線の保全が緊急の課題。
・遠隔地にある離島は排他的経済水域等の利用上重要な位置にあるが、港湾等の利用活動のための拠点施設が整備されていない。

目的

排他的経済水域及び大陸棚が天然資源の探査及び開発、海洋環境の保全その他の活動の場として重要であることにかんがみ、低潮線の保全及び拠点施設の整備等に関する基本計画の策定、低潮線保全区域において必要な規制、並びに特定の離島を拠点とする排他的経済水域及び大陸棚の保全及び利用に関する活動に必要となる港湾の施設に関し必要な事項を定めることにより、排他的経済水域及び大陸棚の保全及び利用の促進を図り、もって我が国の経済社会の健全な発展及び国民生活の安定向上を図る。

概要

＜基本計画＞

★低潮線の保全及び拠点施設の整備等に関する施策の推進のための基本計画の策定
低潮線の保全及び拠点施設の整備等に関する基本的な方針、低潮線の保全を図るために行う措置に関する事項、特定離島における拠点施設の整備の内容等を定める。

＜低潮線保全区域＞

★低潮線保全区域の指定
排他的経済水域等の限界を画する基礎となる低潮線等の周辺の水域で保全を図る必要があるものを区域指定。

★行為規制
低潮線保全区域内において海底の掘削等低潮線の保全に支障を及ぼすおそれがある行為をしようとする者は国土交通大臣の許可を受けなければならない。

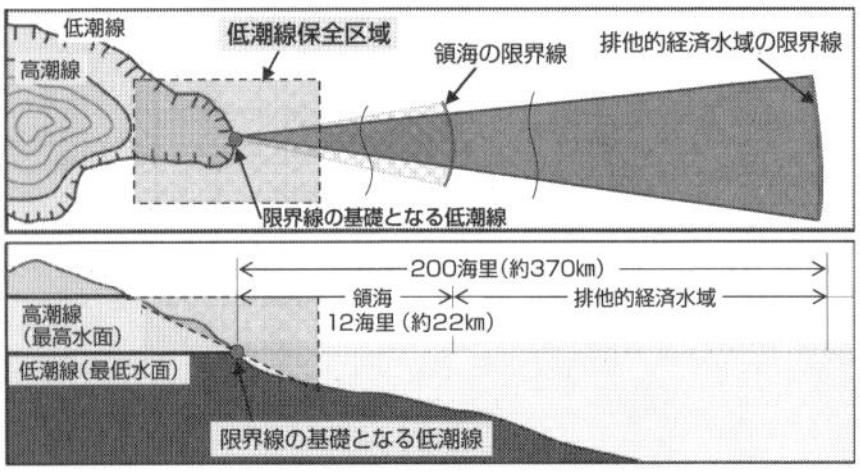

※長崎県男女群島鮫瀬の低潮線が約2km後退すると約78km^2（東京ドーム約1,700個分）の排他的経済水域面積が減少

＜特定離島における拠点施設の整備＞

★特定離島の指定
地理的条件、社会的状況及び施設整備状況等から周辺の排他的経済水域等の保全及び利用を促進することが必要な離島を特定離島として指定。

★特定離島港湾施設の建設等
基本計画に定める国の事務又は事業の用に供する港湾の施設を国土交通大臣が建設、改良及び管理するとともに、当該施設周辺の一定の水域の占用等を規制。

イメージ（南鳥島）

しかしながら、海洋立国を目指す我が国にとって長期的かつ戦略的な視点をもって、排他的経済水域等の保全及び利用を推進することが必要であるとの考えに基づき、この基本計画については、概ね十年後の姿を目標とし、取組みとしてはこれからの活動、新しい構想に基づいた活動についても重要な施策として位置づけている。

基本計画に記載されている措置の概要は以下の通りである。（図5）

①　低潮線及びその周辺の調査と情報の集約、低潮線保全区域における行為規制

図５　低潮線保全法の基本計画の概要

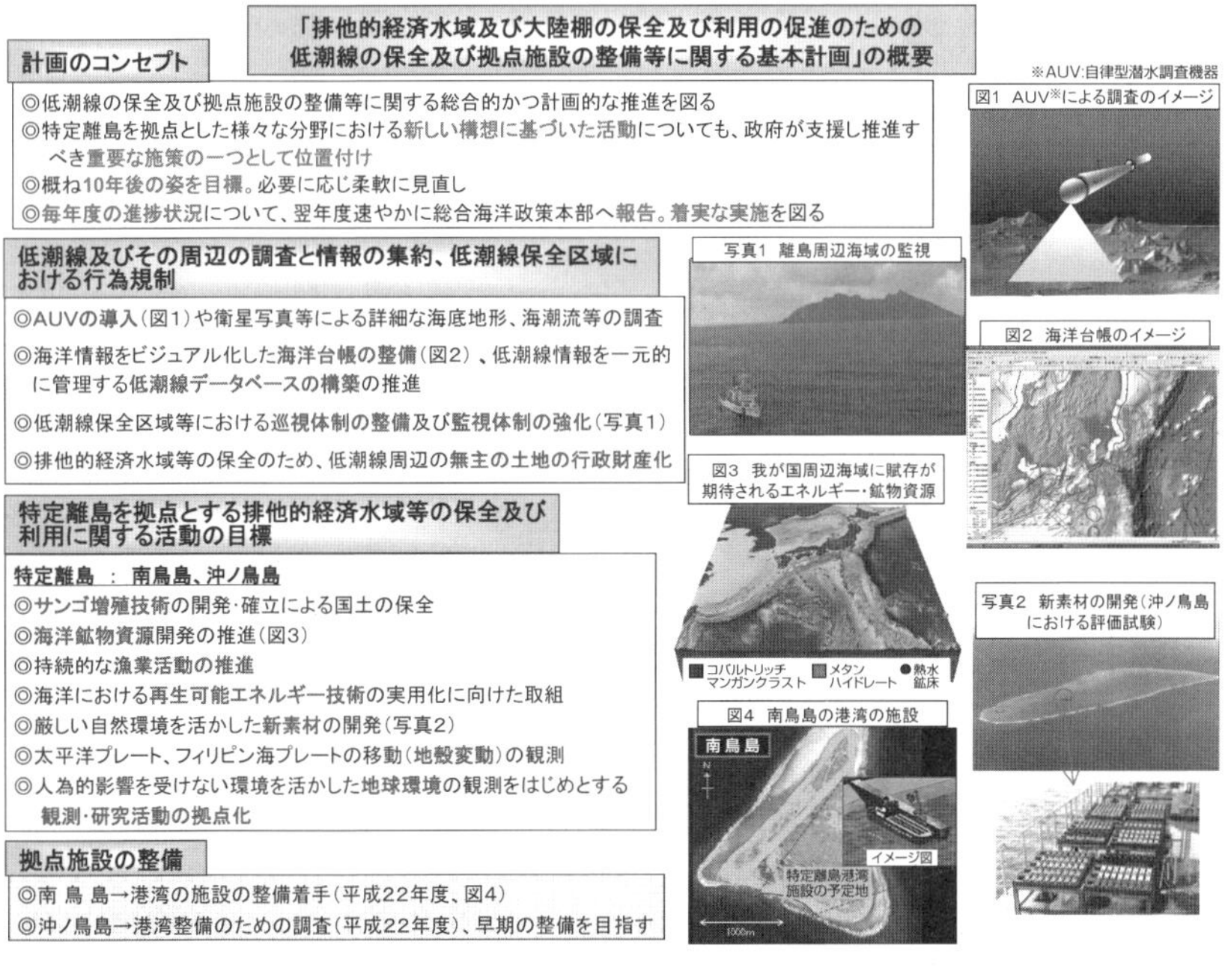
「排他的経済水域及び大陸棚の保全及び利用の促進のための
低潮線の保全及び拠点施設の整備等に関する基本計画」の概要
計画のコンセプト
◎低潮線の保全及び拠点施設の整備等に関する総合的かつ計画的な推進を図る
◎特定離島を拠点とした様々な分野における新しい構想に基づいた活動についても、政府が支援し推進すべき重要な施策の一つとして位置付け
◎概ね10年後の姿を目標。必要に応じ柔軟に見直し
◎毎年度の進捗状況について、翌年度速やかに総合海洋政策本部へ報告。着実な実施を図る
低潮線及びその周辺の調査と情報の集約、低潮線保全区域における行為規制
◎AUVの導入（図1）や衛星写真等による詳細な海底地形、海潮流等の調査
◎海洋情報をビジュアル化した海洋台帳の整備（図2）、低潮線情報を一元的に管理する低潮線データベースの構築の推進
◎低潮線保全区域等における巡視体制の整備及び監視体制の強化（写真1）
◎排他的経済水域等の保全のため、低潮線周辺の無主の土地の行政財産化
特定離島を拠点とする排他的経済水域等の保全及び利用に関する活動の目標
特定離島　：　南鳥島、沖ノ鳥島
◎サンゴ増殖技術の開発・確立による国土の保全
◎海洋鉱物資源開発の推進（図3）
◎持続的な漁業活動の推進
◎海洋における再生可能エネルギー技術の実用化に向けた取組
◎厳しい自然環境を活かした新素材の開発（写真2）
◎太平洋プレート、フィリピン海プレートの移動（地殻変動）の観測
◎人為的影響を受けない環境を活かした地球環境の観測をはじめとする観測・研究活動の拠点化
拠点施設の整備
◎南 鳥 島→港湾の施設の整備着手（平成22年度、図4）
◎沖ノ鳥島→港湾整備のための調査（平成22年度）、早期の整備を目指す
※AUV:自律型潜水調査機器
図1　AUV※による調査のイメージ
写真1　離島周辺海域の監視
図2　海洋台帳のイメージ
図3　我が国周辺海域に賦存が期待されるエネルギー・鉱物資源
コバルトリッチマンガンクラスト
メタンハイドレート
熱水鉱床
図4　南鳥島の港湾の施設
南鳥島
N
イメージ図
特定離島港湾施設の予定地
1000m
写真2　新素材の開発（沖ノ鳥島における評価試験）

・ＡＵＶ（自律型潜水調査機器）の導入や衛星写真等による詳細な海底地形、海潮流等の調査
・海洋情報をビジュアル化した海洋台帳の整備、低潮線情報を一元的に管理する低潮線データベース構築の推進
・低潮線保全区域等における巡視体制の整備及び監視体制の強化
・排他的経済水域等の保全のため、低潮線周辺の所有者の明らかでない土地の行政財産化

② 特定離島を拠点とする排他的経済水域等の保全及び利用に関する活動の目標

・サンゴ増殖技術の開発・確立による国土の保全
・海洋鉱物資源開発の推進
・持続的な漁業活動の推進
・海洋における再生可能エネルギー技術の実用化に向けた取組み
・厳しい自然環境を活かした新素材の開発
・太平洋プレート、フィリピン海プレートの移動（地殻変動）の観測
・人為的影響を受けない環境を活かした地球環境の観測を初めとする観測・研究活動の拠点化

③ 拠点施設の整備

・南鳥島における港湾の施設の整備着手（平成二十二年度）
・沖ノ鳥島における港湾整備のための調査（平成二十二年度）、早期の整備を目指す。

(二) 低潮線保全区域の設定と行為規制（法第一章・第三章）（図6）

① 低潮線保全区域の設定

排他的経済水域等は、国連海洋法条約において沿岸国が公認する海図に記載されている海岸の低潮線により定めることとされている。排他的経済水域等の限界を定める基礎となる低潮線が何らかの事由により損壊した場合には、当該低潮線を根拠として決定されている排他的経済水域等の面積を著しく損なう可能性があることから、このような低潮線が損壊されないようその形状を安定的に保持することが必要である。このような低潮線の周辺の水域で保全を図る必要があるものを政令で「低潮線保全区域」として定めることとしている。

図6　低潮線保全区域のイメージ

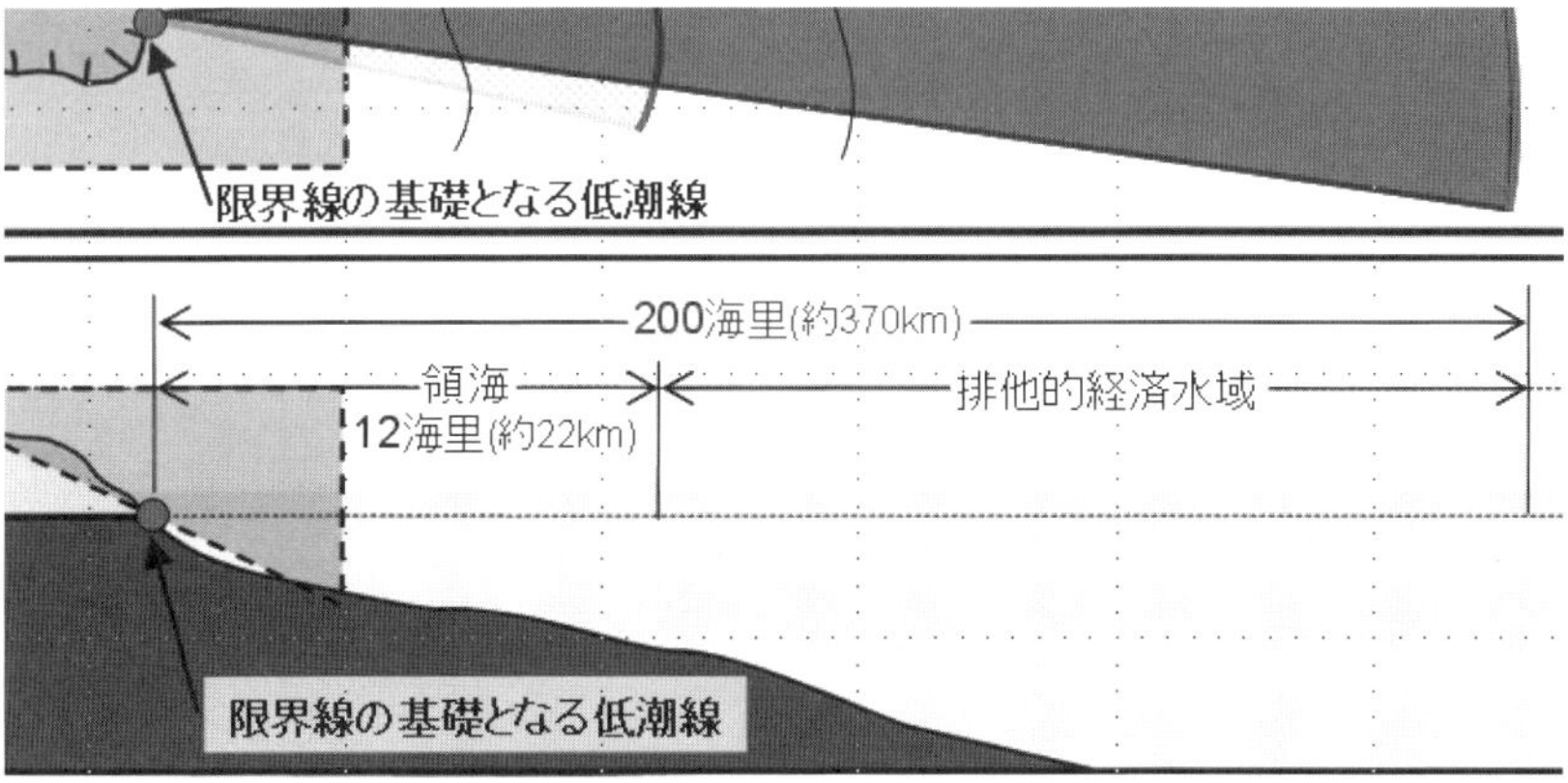

② 低潮線保全区域における行為規制

低潮線はその形状を安定的に保持することが必要であることから、これを損なうおそれのある行為（海底の掘削又は切土、土砂の採取、施設又は工作物の新設又は改築等、低潮線の保全に支障を及ぼすおそれがある行為）をしようとする者は、国土交通大臣の許可を受けなければならないこととしている。

（三） 特定離島の指定と特定離島港湾施設の整備等（法第一章・第四章）

① 特定離島

本土から遠隔の地にある離島であって、その離島の周辺に鉱物資源等の天然資源の存在が期待される等により排他的経済水域等の保全及び利用に関する活動の拠点として重要であり、かつ、当該離島及びその周辺の離島に港湾法に規定する港湾区域等の設定がないといった公共施設の整備状況に照らして当該活動の拠点となる施設の整備を図ることが特に必要な離島を「特定離島」として定めることとしている。

具体的には「排他的経済水域及び大陸棚の保全及び利用の促進のための低潮線の保全及び拠点施設の整備等に関する法律施行令」（平成二十二年政令第百五十七号）により南鳥島及び沖ノ鳥島が定められている。（図7）

②　特定離島港湾施設の整備等

国の事務又は事業の用に供する泊地、岸壁その他の港湾の施設であって、基本計画において拠点施設としてその整備、利用及び保全の内容に関する事項が定められたものを「特定離島港湾施設」とし、当該施設の建設、改良及び管理は国土交通大臣が行うこととしている。

さらに、特定離島港湾施設の存する港湾の利用又は保全上特に必要があると認めて国土交通大臣が水域を定めて公告した場合、その水域において占用や土砂の採取等、港湾の利用又は保全に支障を与えるおそれのある行為をしようとする者は、国土交通大臣の許可を受けなければならないこととしている。

図７　南鳥島と同島を拠点とした活動のイメージ

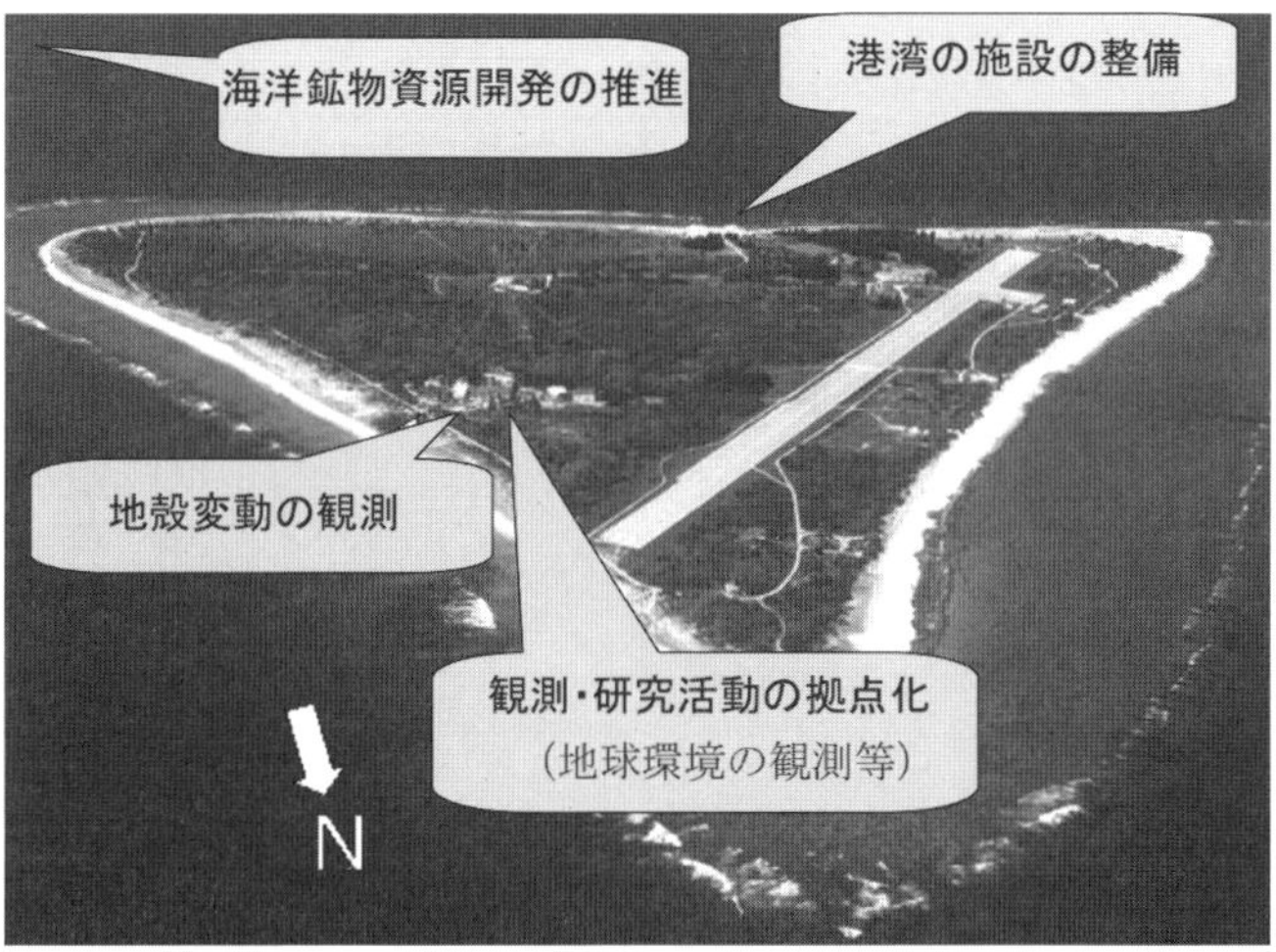

(四) 施行期日

この法律は平成二十二年六月二日に公布され、公布後三ヶ月以内に施行することとされており、六月二十四日に施行された。ただし、(二)「低潮線保全区域の設定と行為規制」に関する規定については法の公布後一年以内の施行となっており、当該部分の施行時期については、今後、政府部内で検討することとなる。

第二部　逐条解説

第一章　総則

（目的）
第一条　この法律は、我が国の排他的経済水域及び大陸棚が天然資源の探査及び開発、海洋環境の保全その他の活動の場として重要であることにかんがみ、排他的経済水域等の保持を図るために必要な低潮線の保全並びに排他的経済水域等の保全及び利用に関する活動の拠点として重要な離島における拠点施設の整備等に関し、基本計画の策定、低潮線保全区域における海底の掘削等の行為の規制、特定離島港湾施設の建設その他の措置を講ずることにより、排他的経済水域等の保全及び利用の促進を図り、もって我が国の経済社会の健全な発展及び国民生活の安定向上に寄与することを目的とする。

第一条は、この法律の目的を記している。

排他的経済水域及び大陸棚（「排他的経済水域等」）は、沿岸国が水産資源を利用できる、あるいは天然資源を探査し開発できるといった主権的権利を行使することができる区域であり、これらが適切に保全され、利用できるか否かは、我が国経済活動に大きな影響を与える。これらの利用に関する活動を促進するためには、排他的経済水域等が安定的に保持されていること、活動をするに当たっての環境が整備されていることが不可欠である。

しかしながら、排他的経済水域等の基礎となる特定の低潮線の保全については、実態として海岸法等の公物管理法によりすでに事実上一部で担保されているものの、これらの法律による区域指定は、低潮線の保全を目的としているのではなく、あくまでそれぞれの法目的にしたがって行われているため、当該低潮線のすべてについて保全を行うことは不可能である。また、我が国の本土から離れた離島には活動拠点がないこと等から、我が国の多くの排他的経済水域等の利用が進まない状況にある。このような状況を踏まえ、特定の低潮線の保全及び利用の促進と特定離島における活動拠点を整備すること等により、政府として排他的経済水域等の利用の促進に取り組むものである。

また、以下に記述するように「排他的経済水域及び大陸棚の保全及び利用の促進」「低潮線の保全」「拠点施設の整備等」については相互に関係する一体不可分のものであり、これらに係る措置、施策等を「基本計画」に位置づけ、関係者が協働して総合的かつ計画的に実施することで排他的経済水域等の保全及び利用を促進することが可能となる。

【「排他的経済水域及び大陸棚の保全及び利用の促進」と「低潮線の保全」の関係について】

排他的経済水域等の限界を画する基礎となる低潮線を保全することは排他的経済水域等の範囲を安定的に保つことを意味し、排他的経済水域等を保全するための重要な要素であるとともに、排他的経済水域等の利用を安定的なものとして促進する意義を有するものである。

【「排他的経済水域及び大陸棚の保全及び利用の促進」と「拠点施設の整備等」の関係について】

海洋資源の開発等の海洋の利用や海洋環境の保全等の活動を十二分に行えるようにするためには当該活動の海域の近傍における活動の拠点が必要となるが、我が国本土沿岸の排他的経済水域等については既存の港湾等を拠点とした活動が可能であるものの、南鳥島のような遠隔地にある離島については、このような排他的経済水域等の保全及び利用に関する活動の拠点となる施設がなく、その周辺における排他的経済水域等の保全及び利用に関する活動を本格的に実施することが事実上不可能となっている。

このような本土から遠隔地にあり、周辺に天然資源が存在し、あるいは存在する可能性があって、排他的経済水域等の保全及び利用に関する活動の拠点として重要であるものの、周辺に公共施設が整備されていない等により当該活動に制約があることから、当該活動の拠点となる施設整備を図ることが必要な離島について特定離島として指定し、これらの活動の拠点となる拠点施設の整備等を行うことにより、当該特定離島の周辺に位置する排他的経済水域等における資源探査等の利用が著しく促進されたり、海洋環境の保全等に関する科学的知見が蓄積することが期待できる。

【「低潮線の保全」と「拠点施設の整備等」の関係について】

拠点施設の整備がなされるには、当該施設の整備の目的となる活動の場である排他的経済水域等が安定的に保持されているか否かは重要な要素であることから、排他的経済水域等の限界を画する基礎となる低潮線の保全も拠点施設の整備等に当たっての重要な要素となる。

一方、拠点施設が整備された場合には、当該施設を拠点とした様々な低潮線の保全に関する活動が行われることが期待される。そのような活動の一つとして特定の低潮線の周辺の状況の調査を想定しているが、調査を行った結果、海底の地質や潮流等の状況が明らかとなり、結果それらを踏まえた低潮線保全区域の見直し等を行い、より効果的な保全の方策を見つけることが可能となる。

（定義等）

第二条　この法律において「排他的経済水域等」とは、排他的経済水域及び大陸棚に関する法律（平成八年法律第七十四号）第一条第一項の排他的経済水域及び同法第二条の大陸棚をいう。

2　この法律において「低潮線の保全」とは、排他的経済水域及び大陸棚に関する法律第一条第二項の海域若しくは同法第二条第一号の海域の限界を画する基礎となる低潮線又はこれらの海域の限界を画する基礎となる直線基線及び湾口若しくは湾内若しくは河口に引かれる直線を定めるために必要となる低潮線を保全することをいう。

この法律で用いられる用語について定義している。第二条第一項から第二項、第五項及び第七項に関しては、主に排他的経済水域及び大陸棚を定める根拠となっている低潮線の保全に関する措置に係る事項について定義している。

まず、第一項及び第二項においては、本法が措置しようとしている「低潮線の保全」に関し、我が国の排他的経済水域等の面積を保持するためには、その限界を画する根拠となっている低潮線を海底の掘削等の行為から保全する必要があることから、いわゆる領海及び接続水域に関する法律（領海法）及び排他的経済水域及び大陸棚に関する法律（ＥＥＺ法）の規定ぶりを引用しつつ、当該保全の対象となる低潮線の範囲を法律上明示している。

領海法においては、第二条第一項において、「基線は、低潮線、直線基線及び湾口若しくは湾内又は河口に引かれる直線とする。」としている。このため、排他的経済水域等の限界を画する基礎となる基線を構成する低潮線（直線基線及び湾口若しくは湾内又は河口に引かれる直線（以下、「直線基線等」という。）が基線となっている部分については、直線基線等を定めるのに必要となる低潮線）が、排他的経済水域等の限界を画する基礎となる低潮線となる。

排他的経済水域及び大陸棚については、ＥＥＺ法に基づき、二百海里線（中間線を超えている場合は中間線（外国との間で合意した中間線に代わる線がある場合は当該合意線））が排他的経済水域及び大陸棚の限界となる。

このうち、二百海里線及び中間線については、その根拠となっている低潮線が保全の対象となる。また、別途隣国と合意をした場合には、中間線とは異なる「合意線」が引かれることとなる。ただし、現時点で我が国の排他的経済水域等について合意線が引かれているものはない。

合意線については、一般的には、境界線について具体的な緯度経度をもって協定等で合意することが想定され、その場合は、その合意線の根拠は個別の低潮線に基づかないものであることから、このために保全が必要となる低潮線はない。しかしながら、理論的には、両国間の中間線を境界とすることを合意する場合、一定の低潮線を合意の基礎とすることも排除されない。このような場合であれば、合意の基礎となった低潮線を保全する必要があると判断するのが適当である。

また、合意線の設定の仕方によっては、排他的経済水域の根拠となる合意線と大陸棚の根拠となる合意線が異なる可能性があるため、「排他的経済水域及び大陸棚に関する法律第一条第二項の海域若しくは同法第二条第一号の海域の限界を画する基礎となる」と規定しているところである。

なお、大陸棚については、国連海洋法条約第七十六条に定めるところに従って政令で定めることにより、その限界は延長されることとなっているが（ＥＥＺ法第二条第二号）、これについては、沿岸からの距離が二百海里となる大陸棚の限界を画する根拠となる低潮線を保全することをもって、保全されていると解する。（図8）

図８　排他的経済水域等の限界を画する基礎となる低潮線

１．排他的経済水域等の限界を画する基礎となる低潮線

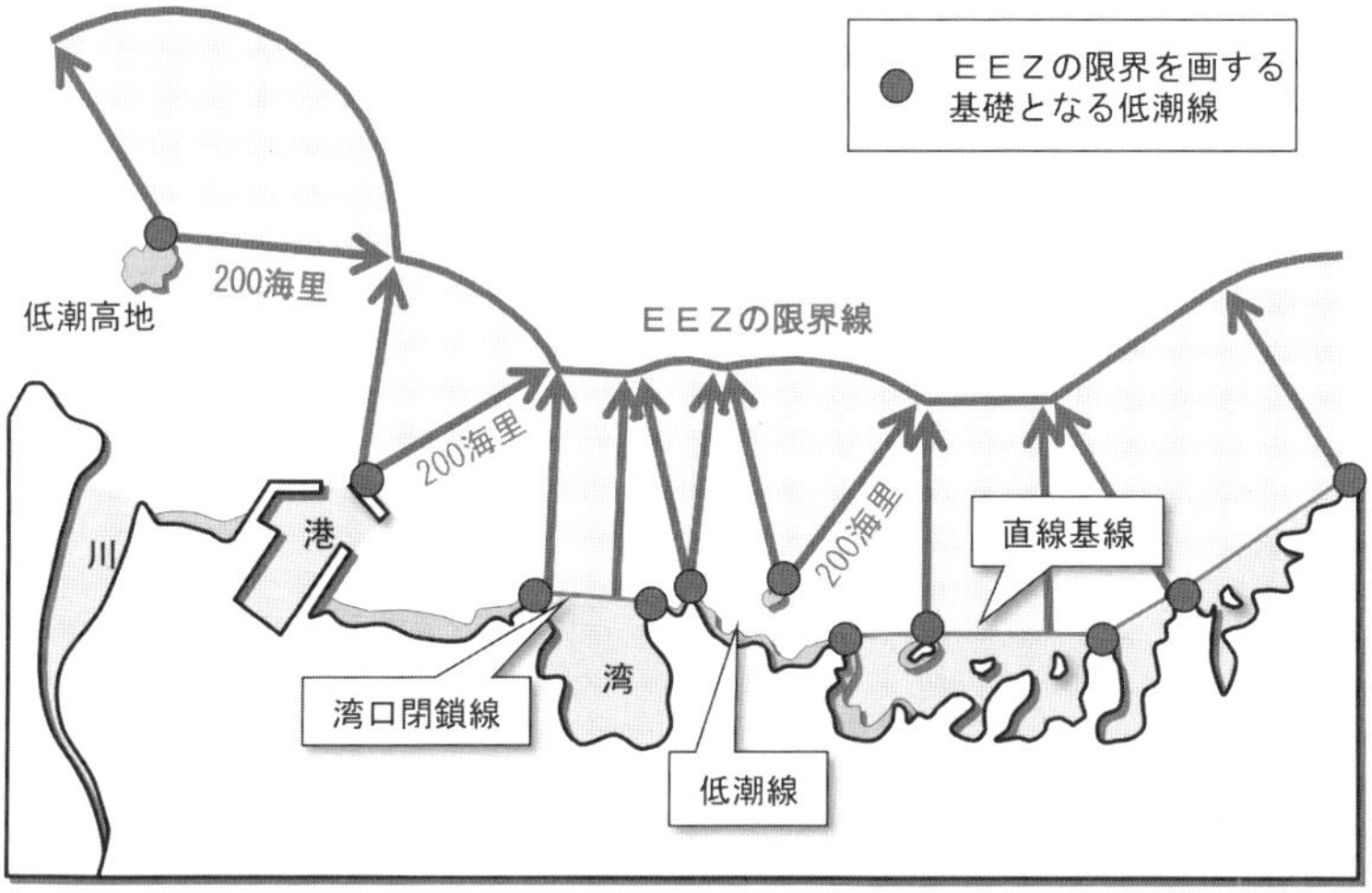

２．中間線の考え方

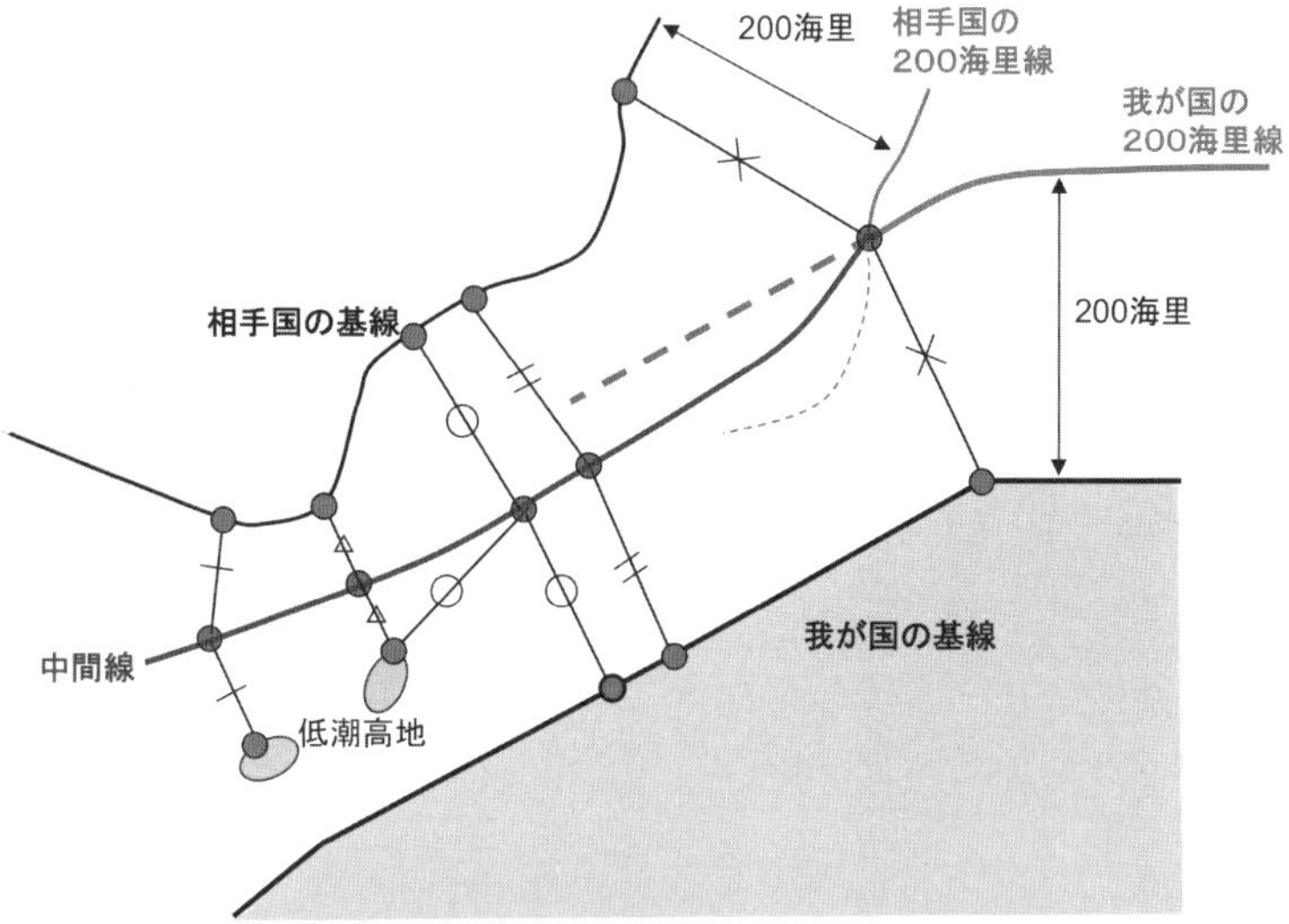

（定義等）
第二条
5　この法律において「低潮線保全区域」とは、低潮線の保全が必要な海域（海底及びその下を含む。）として政令で定めるものをいう。

低潮線保全区域については、当該区域内での規制の対象となる行為から低潮線を保全し、もって排他的経済水域等の保全を図るために必要な海域を指定するものである。一方、その指定の範囲については、海洋の自由使用の原則にかんがみ、必要最小限度のものとすることが求められる。

これらを踏まえ、その指定の必要性については、原則として、以下の①～③の要素を踏まえつつ、判断されることになる。

① 規制の対象となる海底の掘削等の行為が低潮線に影響を及ぼす可能性がある海域かどうか。

② 当該低潮線が失われることに伴って失われることになる我が国の排他的経済水域の面積が相当程度あるかどうか。

③　他の法律による規制が行われていることにより低潮線保全区域における規制目的が達成されており、二重に低潮線の保全のための区域指定を行う必要性がないような海域でないかどうか。

このうち、①については、海岸法の海岸保全区域の指定の考え方（干潮時の水際線から五十メートルまでの水面の区域）等を参考に標準的な範囲を想定しつつ、具体的にはこれに加え、これまで行われた調査又は今後基本計画に基づいて行われる調査により得られた各低潮線毎の地形や潮流その他の自然条件を勘案して（また被規制者にとってのわかりやすさも考慮しつつ、いたずらに複雑な形状の区域にならないよう）指定することとなる。

②については、近傍に別の低潮線があること等により、当該低潮線が失われても我が国の排他的経済水域がほとんど縮小しない場合には指定しないことが考えられる。

③については、例えば、（今後定められる政令の内容にもよるが）海岸保全区域の行為規制の対象範囲に低潮線保全区域の行為規制の対象範囲が包含されるような場合において、当該低潮線が海岸保全区域等内にあり、本来であれば指定するであろう低潮線保全区域の範囲が当該海岸保全区域等に包含されるときは指定しないことが考えられる。

また、①の要素に基づく判断を行うに当たっては、前述のように、低潮線周辺の海域の地形、潮流その他の自然条件に関する調査結果を踏まえる必要があるが、低潮線の周辺の海底火山の活動等により周辺海域の調査の実施に危険が伴う場合等が想定される（※）。したがってこのような海域については、低潮線保全区域として定めることができないこととなるが、このような事情は必要性の判断の前段階に生じる要素であり、また、当該海域について保全の必要性のない海域であるとの対外的な誤解を避ける必要があることから、当該海域においては、指定を行わないことを第二条第七項後段において法文上明確にすることとし、そのような場合にあっては当該低潮線を含む海域については低潮線保全区域として定めないことを明記することとしている。

※実際、伊豆諸島に存する海底火山である明神礁は、昭和二十七年の大噴火で海上保安庁の職員が犠牲となり、周辺海域が海底火山危険区域と海図にも明記されていた（海底火山危険区域の設定は平成十一年に解除。）。

【補足】海域の範囲について

低潮線保全区域については、低潮線より陸側にあり高潮線より海側にある区域についても指定することを想定しているが、これらの区域は低潮時には水面上に露出するものであることから、このような区域が「海域」に含まれることになるか否かが問題となる。

陸地と海域との境界については、海岸法第三条第三項や不動産登記に係る法務省の行政実例に見られるように春分の日の満潮時の水際線（必ずしも最高高潮時と一致するものではない。）を基準に設定している事例や、水路業務法施行令第一条のように海岸線を最高高潮時の陸と海との境界としている事例等それぞれの法律等の目的に応じて具体的に定められている場合もあるが、田原湾干潟訴訟上告審判決（昭和六十一年最高裁判決）においては海水の表面が最高高潮線に達したときの水際線をもって海と陸地とを区別するのが社会通念に合致するとの見解が示されているところである。したがって、本法律に基づき指定される低潮線保全区域は、当該判決で社会通念に基づく「海域」とされた区域について指定を行うこととなることから、「海域」を指定することとして問題はないものと考えられる。

なお、政令ではあるが、低潮線保全区域として指定されることが見込まれる低潮高地については、領海及び接続水域に関する法律施行令第二条第三項において海域内にあることを前提にされている。

○海岸法（昭和三十一年法律第百一号）
（海岸保全区域の指定）
第三条　（略）
2　（略）
3　前二項の規定による指定は、この法律の目的を達成するため必要な最小限度の区域に限つてするものとし、陸地においては満潮時（指定の日の属する年の春分の日における満潮時をいう。）の水際線から、水面においては干潮時（指定の日の属する年の春分の日における干潮時をいう。）の水際線からそれぞれ五十メートルをこえてしてはならない。ただし、地形、地質、潮位、潮流等の状況により必要やむを得ないと認められるときは、それぞれ五十メートルをこえて指定することができる。
4・5　（略）

○水路業務法施行令（平成十三年政令第四百三十三号）
（水路測量の事項及びその測量の基準）
第一条　水路業務法（以下「法」という。）第九条第一項の政令で定める事項は、次の表の上欄に掲げるとおりとし、同項の政令で定める測量の基準は、当該事項ごとにそれぞれ同表の下欄に掲げるとおりとする。ただし、専ら外国政府のために行う水路測量その他の同表に掲げる事項及びその測量の基準に従って行うことが適当でないものとして国土交通省令で定める水路測量は、同表に掲げる事項及びその測量の基準に代えて国土交通省令で定める測量の基準に従って行うことができる。

事項	測量の基準
一　灯台その他の物標の標高	平均水面からの高さ
二　可航水域の上空にある橋梁その他の障害物の高さ	最高水面からの高さ
三　干出する岩その他の物及び干出堆の高さ	最低水面からの高さ
四　水深	最低水面からの深さ
五　海岸線（河岸線及び湖岸線を含む。）	水面が最高水面に達した時の陸地と水面との境界
六　低潮線	水面が最低水面に達した時の陸地と水面との境界
七　浮標の位置	浮遊する範囲の中心の位置
八　底質	水底を構成する物質の性状

備考
一　平均水面、最高水面及び最低水面の高さは、海上保安庁長官が公示するところによる。
二　この表の各号の下欄に掲げる測量の基準を適用する場合における当該各号の上欄に掲げる事項についての測定又は調査の方法は、海上保安庁長官が公示するところによる。

○領海及び接続水域に関する法律施行令（昭和五十二年政令第二百十号）

（基線）

第二条　（略）

2　（略）

3　前条各号に掲げる線及び前項に規定する線を基線として用いることにより領海となる海域内にその全部又は一部がある低潮高地の低潮線も、基線とする。

4～6　（略）

（定義等）

第二条

7　低潮線保全区域は、低潮線の保全を通じて排他的経済水域等の保持を図るために必要な最小限度の区域に限って定めるものとし、やむを得ない事情により、海底の地形、地質その他の低潮線及びその周辺の自然的条件について、調査によってその確認を行うことができない海域については定めないものとする。

第二条第七項において、「低潮線及びその周辺の自然的条件について、調査によりその確認を行うことがやむを得ない事情によりできない」海域については低潮線保全区域として定めないことを規定しているが、当該規定は、低潮線保全区域を定めるに当たっては、低潮線及びその周辺の自然的条件を確認し、これらを踏まえて行うべきことを明示したものである。

海底の地形、地質その他の自然的条件を確認するためには、それに先立ち調査が当然行われることからその旨を明示したものであり、このような「調査」と「確認」の関係については、自動車損害賠償保障法第十六条の九第二項に「確認をするために必要な調査」、国税徴収法第百三十条第二項に「調査して・・・確認する」との用例が認められるところである。

（定義等）

第二条

3　この法律において「特定離島」とは、本土から遠隔の地にある離島であって、天然資源の存在状況その他当該離島の周辺の排他的経済水域等の状況に照らして、排他的経済水域等の保全及び利用に関する活動の拠点として重要であり、かつ、当該離島及びその周辺に港湾法（昭和二十五年法律第二百十八号）第二条第三項に規定する港湾区域、同法第五十六条第一項の規定により都道府県知事が公告した水域及び漁港漁場整備法（昭和二十五年法律第百三十七号）第六条第一項から第四項までの規定により市町村長、都道府県知事又は農林水産大臣が指定した漁港の区域が存在しないことその他公共施設の整備の状況に照らして当該活動の拠点となる施設の整備を図ることが特に必要なものとして政令で定めるものをいう。

【政令】

（特定離島）

第一条　排他的経済水域及び大陸棚の保全及び利用の促進のための低潮線の保全及び拠点施設の整備等に関する法律第二条第三項の政令で定める離島は、沖ノ鳥島及び南鳥島とする。

4　この法律において「拠点施設」とは、特定離島において排他的経済水域等の保全及び利用に関する活動の拠点として整備される施設をいう。
6　内閣総理大臣は、第三項の政令の制定又は改廃の立案をしようとするときは、あらかじめ、関係都道府県知事の意見を聴かなければならない。

第二条第三項、第四項及び第六項に関しては、主に特定離島の設定に係る事項について定義している。

特定離島とは、本土から遠隔地にあり、周辺に天然資源が存在し、あるいは存在する可能性があって、排他的経済水域等の保全及び利用に関する活動の拠点として重要であるものの、周辺に公共施設が整備されていない等により当該活動に制約があることから、当該活動の拠点となる施設整備を図ることが必要な離島であり、政令で定めるものとする。

特定離島の指定に当たっての具体的な基準は、以下のとおりである。

①　本土から遠隔の地であること

地理的に本土から遠隔に位置する離島であることを規定する。これは、地方自治体が公共施設の整備等の事務を行うことが困難であり、当該離島が我が国の外縁を形成していることからも、国が自ら拠点施設を整備する必要があることを基準とするためである。

② 天然資源の存在その他当該離島の周辺の排他的経済水域等の状況に照らして排他的経済水域等の保全及び利用に関する活動の拠点として重要であること

海洋エネルギー、鉱物資源等の天然資源が存在すること（あるいは存在の可能性があること）等の周辺状況を考慮することを規定している。これは、当該離島の周辺水域の開発効果等を考慮することにより、当該離島を拠点とした活動の効果が大きいことを基準とするものである。

③ 港湾区域、港湾法第五十六条の公告水域及び漁港区域が存在しないことその他公共施設の整備の状況に照らして、排他的経済水域等の保全及び利用に関する活動の拠点となる施設の整備を図ることが特に必要であること

公共施設の整備状況を考慮条件とすることにより、当該離島に活動拠点となる施設が存在していないことから拠点施設の整備が必要である旨を規定している。特に、港湾区域等がないことを例示しているのは、本法第八条に規定する特定離島港湾施設が、港湾法に規定する港湾等に整備されるものではないことを明示するためである。また、間接的ではあるが、これらの区域がないことは、地方自治体による公共サービスが提供されていない状

況にあることを意味し、すなわち居住者による活動が乏しいことを示している。

具体的な指定対象としては、排他的経済水域及び大陸棚の保全及び利用の促進のための低潮線の保全及び拠点施設の整備等に関する法律施行令（平成二十二年政令第百五十七号）により、南鳥島、沖ノ鳥島の二島が定められた。

なお、特定離島の指定に際しては関係都道府県知事に意見を聴くこととしているが、これは、当該知事は当該特定離島の実情を把握していること、当該特定離島を含む地域での総合的な計画を都道府県知事が有している場合、当該計画との整合性を図る必要があること等の理由によるものである。

第二章　基本計画

（基本計画）

第三条　政府は、排他的経済水域等の保全及び利用の促進のため、低潮線の保全並びに拠点施設の整備、利用及び保全（次項において「拠点施設の整備等」という。）に関する施策の総合的かつ計画的な推進を図るための基本計画（以下「基本計画」という。）を定めなければならない。

2　基本計画には、次に掲げる事項について定めるものとする。

一　低潮線の保全及び拠点施設の整備等に関する基本的な方針

二　低潮線の保全に関し関係行政機関が行う低潮線及びその周辺の状況の調査、低潮線保全区域における海底の掘削等の行為の規制その他の措置に関する事項

三　特定離島を拠点とする排他的経済水域等の保全及び利用に関する活動の目標に関する事項

四　拠点施設の整備等の内容に関する事項

五　その他低潮線の保全及び拠点施設の整備等に関する事項

3　内閣総理大臣は、基本計画の案を作成し、閣議の決定を求めなければならない。
4　内閣総理大臣は、前項の規定による閣議の決定があったときは、遅滞なく、基本計画を公表しなければならない。
5　前二項の規定は、基本計画の変更について準用する。

（基本計画の推進）
第四条　国は、次章及び第四章並びに他の法律で定めるもののほか、基本計画に基づき、排他的経済水域等の保全及び利用の促進のため、低潮線及びその周辺の状況の調査、拠点施設の整備その他必要な措置を講ずるものとする。

政府が排他的経済水域等の保全及び利用の促進のため行う施策及び措置としては、本法において定める低潮線保全区域における行為規制、特定離島港湾施設の建設・改良・管理、第九条第一項の規定により公告されている水域における規制等の措置だけでなく、海岸保全区域等他法令に基づきその保全が図られる区域における適切な低潮線の保全の実施、特定離島港湾施設を活用した活動、特定離島港湾施設以外の拠点施設の整備・利用といった多様な取組みが考えられる。これらの施策及び措置について、政府として総合的かつ計画的に推進するため、政府として基本計画を定めることとしたものである。

基本計画は、内閣官房が中心となって関係省庁の協力の下に作成され、政府全体の計画として、平成二十二年七月十三日に閣議決定がされている。記載されている事項は以下のとおりとなっている。

（1）低潮線の保全及び拠点施設の整備等に関する基本的な方針

①排他的経済水域等の重要性

②排他的経済水域等の安定的な保全措置の方針

③排他的経済水域等の保全及び利用に関する活動の方針

④排他的経済水域等の保全及び利用に関する活動を行うための施設、体制等の整備の方針

（2）低潮線の保全に関し関係行政機関が行う低潮線及びその周辺の状況の調査、低潮線保全区域における海底の掘削等の行為の規制その他の措置に関する事項

①低潮線の保全に関する基本的考え方

②関係行政機関が行う低潮線及びその周辺の状況の調査

③関係行政機関が行う低潮線保全区域における海底の掘削等の行為の規制

④関係行政機関が行うその他の措置

（3）特定離島を拠点とする排他的経済水域等の保全及び利用に関する活動の目標に関する事項

①特定離島の指定

②特定離島を拠点とした活動の目標

（４）拠点施設の整備等の内容に関する事項

①拠点施設の整備等に関する基本的考え方

②特定離島港湾施設の整備に関する内容

（５）その他低潮線の保全及び拠点施設の整備等に関する事項

①基本計画の進ちょく状況の総合海洋政策本部への報告

②施策の効果的な実施のための関係機関等の連携

③国民への普及・啓発等

④基本計画の見直し

さらに、これらの内容のうち、本法第三章及び第四章並びに他の法令において定める措置以外の事項、具体的には低潮線の調査、港湾施設以外の拠点施設の整備、拠点施設を活用した排他的経済水域等の保全及び利用に関する活動の推進等については、直接この基本計画に基づいて推進することになることから、その旨の規定を第四条に置くこととしたものである。

第三章　低潮線保全区域

（低潮線保全区域内の海底の掘削等の許可）

第五条　低潮線保全区域内において、次に掲げる行為をしようとする者は、国土交通省令で定めるところにより、国土交通大臣の許可を受けなければならない。ただし、低潮線の保全に支障を及ぼすおそれがないものとして政令で定める行為については、この限りでない。

一　海底の掘削又は切土

二　土砂の採取

三　施設又は工作物の新設又は改築

四　前三号に掲げるもののほか、低潮線保全区域における海底の形質に影響を及ぼすおそれがある政令で定める行為

2　国土交通大臣は、前項の許可の申請があった場合において、その申請に係る事項が低潮線保全区域における低潮線の保全に支障を及ぼすおそれがないと認める場合でなければ、これを許可してはならない。

【低潮線を保全するための行為規制を行う理由】

我が国にとって重要な排他的経済水域等は、干潮時における陸地と水面の境界線である低潮線、直線基線、湾口若しくは湾内又は河口に引かれる直線（以下、「直線基線等」という。）からの距離でその範囲が決定される。我が国の場合、低潮線が複雑に入り組んでおり、また、直線基線等を用いていることから、低潮線の特定の箇所が、排他的経済水域等の限界を画する基礎となっている。

したがって、この排他的経済水域等の限界を画する基礎となる低潮線及び排他的経済水域等の限界を画する基礎となる直線基線等を定めるのに必要となる低潮線が波浪による浸食といった自然現象や土砂採取による人為的な損壊により、消失し、あるいは、その位置が後退した場合には、直ちに排他的経済水域等が消失し、その範囲が減少することとなる。

例えば、長崎県男女群島鮫瀬では、排他的経済水域等の限界を画する基礎となる低潮線が約二キロメートル後退すると約七十八平方キロメートル（東京ドーム約千七百個分）の排他的経済水域等の面積が減少してしまうこととなる。（なお、これらの低潮線等以外の低潮線についても、領海の限界を画するために有効なものがあり、当該低潮線が損壊した場合には領海が減少することとなるが、広大な管轄水域を消失するものではないことから、あえて保全に関する措置を行うまでの必要はない。）

土砂の採取といった低潮線の後退や低潮線の損壊に繋がる人的な行為は海岸法に基づき海岸保全区域内で規制されているが、当該海岸保全区域は、堤防等の施設を設置し、海岸を施設等により積極的に防護するために指定されることから、その指定は限定的となっている。このため、排他的経済水域等の限界を画する基礎となる低潮線のうち、海岸保全区域内にあるものは、全体の約一割しかなく、残りについては人的な損壊に繋がる行為は規制されていない。

このため、人的な損壊によるこれらの低潮線の消失、あるいは、その位置が後退し、我が国の排他的経済水域等が消失し、その範囲が減少しないよう、本法により、これらの低潮線の付近の水域を「低潮線保全区域」として指定し、これらの低潮線を後退させるような海底の掘削、土砂採取等の行為を規制することとしたものである。

なお、自然浸食による低潮線の後退や損壊は、これまで多くの事例が発生しているが、低潮線背後の海岸の損壊と一体となって発生している場合がほとんどである。したがって、低潮線等の自然浸食からの保全は、海岸の防護を目的とする海岸法に基づき、海岸保全区域として指定し、海岸保全施設を設置し、海岸の土地と一体的に措置されることが適切である。

【低潮線保全区域における行為規制の対象と許可の考え方】

低潮線保全区域は、その形状を安定的に保つことにより排他的経済水域等を保全することを目的としている。したがって、低潮線保全区域内の低潮線の形状に影響を与えるおそれを生じる可能性のある類型の行為、すなわち低潮線とその周辺の海底の形質に影響を及ぼすおそれのある類型の行為については原則禁止し、低潮線とその周辺の形状に影響を及ぼすおそれがない、すなわち低潮線の保全上支障を及ぼすおそれがないと個別的に認める場合に例外的に認めることとしている。

規制する類型の行為としては、①海底の掘削、②土砂の採取、③施設又は工作物の新設又は改築、とし、これらについて低潮線の保全に支障を及ぼすおそれがないと認める場合のみ許可することとしている。（これらの行為は海岸法において行為規制の対象となっているもののうち盛土のような低潮線の損壊とは関係のないものを除いたものに等しい。）

現時点においては、①~③の行為を規制することで、低潮線を保全することが可能と考えているが、将来的にはこれらに類型されないが、低潮線の保全に支障を及ぼす行為が行われることも想定されるため、第四号として「海底の形質に影響を及ぼすおそれがある政令で定める行為」を禁止行為として規定することとし、今後の海洋利用の変化等にも対応して低潮線の形状が安定的に保たれるよう措置することとしている。

低潮線保全区域における行為の許可基準としては、前述の考え方から「低潮線の保全に支障を及ぼすおそれがないと認める場合でなければ、これを許可をしてはならない。」とし、低潮線保全区域内におけるこれらの行為を認めるのは例外的な場合であることを条文に明示している。

さらに、許可の判断に当たっては、各低潮線保全区域の自然条件等が異なることから、申請者の行う行為が低潮線に与える影響について個別具体に検討を行い、判断する必要がある。このため、検討・判断に必要な要素（行為の目的、場所・範囲、期間、具体的な内容、方法）について申請時に提出することを国土交通省令において規定することを予定している。

また、海岸法等の公物管理法においても本法と同様に各公物の保全に支障を及ぼす行為について行為規制の対象としているところであり、これらの法律により各公物の保全が保たれているとして適正な許可を得た行為と、加えて軽微な行為で客観的に低潮線の保全に支障を及ぼすおそれがないと認められる行為として政令指定した行為については許可を要しないこととしている。

（許可の特例）

第六条　第九条第一項、海岸法（昭和三十一年法律第百一号）第八条第一項若しくは第三十七条の五、港湾法第三十七条第一項若しくは第五十六条第一項又は漁港漁場整備法第三十九条第一項の規定による許可を受けた者は、当該許可に係る事項については、前条第一項の規定による許可を受けることを要しない。

2　国又は地方公共団体が前条第一項の行為をしようとする場合には、同項中「国土交通大臣の許可を受けなければ」とあるのは「国土交通大臣と協議しなければ」と、同条第二項中「許可の申請」とあるのは「協議」と、「その申請」とあるのは「その協議」と、「これを許可しては」とあるのは「その協議に応じては」とする。

本法では、低潮線保全区域が海岸法、港湾法又は漁港漁場整備法（以下「海岸法等」という。）に定める海岸保全区域、港湾区域又は漁港の区域等（以下「海岸保全区域等」という。）と重複した場合に、海岸法等の規定に基づき許可を得た行為については、本法での許可を要しないこととしている。

この規定は、海岸法等の規定により適切に海岸保全区域等の保全がなされている場合において、その許可を得た行為は、各公物管理の観点から当該公物が保全されると判断されたものであり、結果として、低潮線の保全にも支障を及ぼさないものと判断されることから、許可を要しないとしたものである。

一方、海岸保全区域や港湾区域において本法第五条第一項の許可があった場合については、これらの区域の規制目的には、環境の保全や利用のための保全といった要素が含まれていることから、当該許可があっても、別途これらの区域において必要な許可を必要とすることとしている（すなわち、重複している場合はこれらの区域において必要な許可を得ることになる。）。

なお、海岸保全区域と他の公物管理法において定められた区域について重複があった場合（あるいは区域が隣接する場合）、他区域の管理者に管理を委ねる（協議により委ねることができる）規定が海岸法において置かれているが、低潮線保全区域は単に行為規制のみを行うものであることや、その規制目的にかんがみれば規制の対象が重複しない限りにおいては国が自ら当該事務を行うことが適当であることから、そのような規定は設けないこととしたものである。

（監督処分）

第七条　国土交通大臣は、次に掲げる者に対し、その行為の中止、施設若しくは工作物の改築、移転若しくは撤去、施設若しくは工作物により生ずべき低潮線の保全上の障害を予防するため必要な施設の設置その他の措置をとること又は原状の回復を命ずることができる。

一　第五条第一項の規定に違反して、同項各号に掲げる行為をした者

二　第五条第一項の規定による許可に付した条件に違反した者

三　偽りその他不正な手段により第五条第一項の規定による許可を受けた者

2　国土交通大臣は、前項第二号又は第三号に該当する者に対し、第五条第一項の規定による許可を取り消し、その効力を停止し、その条件を変更し、又は新たな条件を付することができる。

国土交通大臣は、その許可に係る事項に関し、違反者等に対するその行為の中止命令等の必要な監督処分を行うことができることとしている。監督処分の対象となる者は、

①　低潮線保全区域における行為の許可制に違反した者

・許可を受けないで海底の掘削、施設の新設又は改築等の行為をした場合

・許可の期間を経過した後においてこれらの行為をした場合
・許可内容を超過した行為をした場合　　等
②　許可に附した条件に違反した者
・条件に示された必要な予防措置を講じない場合
・工事方法、工事着手期間が条件に反する場合　　等
③　許可を不正な手段により受けた者
・氏名、住所を偽って許可を受けた場合
・使用目的を偽って許可を受けた場合　　等
である。

国土交通大臣が行う処分のうち、事実行為を命ずる処分については、第五条に掲げる行為（海底の掘削又は切土、土砂の採取、施設・工作物の新設、改築、その他の行為）を前提とした内容としている。すなわち、上記行為が行われた場合に、その違法状態を解消するために必要な処分の内容としては、
イ）　その行為の中止（第五条第一項第一号から第四号までに対応）
・法において規制されている行為について、その行為の中止を命ずるものである。
ロ）　施設又は工作物の改築、移転又は撤去（第五条第一項第三号の行為によって設置されたものに対応）

・施設又は工作物が違法に設置された場合にその撤去等を命ずるものである。例えば、施設又は工作物の新設について、設置に期限を設定する条件を付す場合において、当該期限の到来後の撤去が行われていなかった場合について、移転、撤去を命ずることができることとするものである。

ハ）施設又は工作物により生ずべき障害を予防するため必要な施設の設置その他の措置（第五条第一項第三号の行為によって新設されたものに対応）

・施設又は工作物について、許可されたものとは異なるものが違法に設置された結果として、低潮線の保全に障害が生じることが想定される場合（例：予定されていた施設と異なる施設又は異なる位置に設置された結果として岩盤が脆弱となり低潮線の崩壊が進むおそれがある場合）において、その障害を予防する施設の設置（例：侵食を防ぐ消波ブロック等の設置）を命ずることができるようにするものである。例えば、施設又は工作物の新設について、障害を予防する施設の設置の条件を付す場合において、当該条件に対応がなされていない場合において、そのような予防措置を講ずることを命ずることができるようにするものである。予防するための措置については、施設の設置以外の措置も将来的に考えられ得ることから、「その他の措置」を規定しておくものである。

ニ）原状の回復（第五条第一項第一号から第四号までに対応）

・土砂の採取等原状の回復が可能な行為については、その回復を命ずることができるようにするものである。

である。

他の法令（河川法、港湾法及び本法第九条第一項の規定により公告されている水域に係る行為規制。以下「他の法令」という。）においては、工事その他の行為により実際に生じた障害について除去を命じている場合がある。これらの法においては、規制されている行為により河川、港湾における機能上の障害が発生することを想定しているものである。これらについては、原状の回復だけではなく、そのような機能障害を回復させるような措置を命ずることができるようにしている。これは、河川、港湾の公物としての機能を保全し、各法律の目的を達成するためのものである。今般の低潮線保全区域に係る行為規制については、形状の安定を図り低潮線を人為的な損壊等から保全することを目的としており、そのような周辺区域の機能確保を図るような制度ではないことから、ニ）の原状回復命令をもって十分な対応ができると考えられる。そのため、そのような規定を定める必要性はなく、規定しないこととしている。なお、海岸法においても、このような監督処分の内容は定めていないところである。

前述の処分以外に、上記②（許可に附した条件に違反した者）又は③（許可を不正な手段により受けた者）に該当する者に対しては、その許可及び許可に付した条件について、新たな法律関係を発生、変更、消滅させる処分として、「許可の取消」、「許可の効力停止」、「条件の変更」、「新たな条件の設定」を命ずることができることとしている。この低潮線保全区域の制度に関し条件として想定されるものは、施設又は工作物の構造についての条件、工事の実施方法や実施期間等についての条件、許可期間満了後の措置についての条件等が考えられる。

第四章　特定離島港湾施設

（特定離島港湾施設の建設等）

第八条　国の事務又は事業の用に供する泊地、岸壁その他の港湾の施設であって、基本計画において拠点施設としてその整備、利用及び保全の内容に関する事項が定められたもの（次条において「特定離島港湾施設」という。）の建設、改良及び管理は、国土交通大臣が行う。

特定離島港湾施設の建設、改良及び管理の主体について規定している。

特定離島を拠点として行われる排他的経済水域等の保全及び利用に関する活動は、海洋資源探査や海洋調査等、そのほとんどが国の事務・事業として行われるものであり、そのための拠点となる港湾の施設の維持運営も国の事務・事業として行われるものであることから、当該施設は「国の事務又は事業の用に供する」ものとして、国有財産法第三条第二項第一号に規定する国の公用財産として取り扱うことが適当と考えられる。一方、排他的経済水域等の保全及び利用に関する活動は、複数の省庁による事業として行われるものであるが、その活動拠点として求められる港湾の機能は基本的に共通であり、政府が基本計画を作成し、総合的かつ計画的にその整備を推進していく本法の適用場面において、複数の省庁がそれぞれ公用財産として施設を整備することは不合理である。このため、港湾の整備等を所掌とする国土交通大臣が、基本計画に定められた港湾の施設の建設、改良及び管理を行うこととすることが適当であり、その旨を本条において明記し、政府としての役割分担を明確にしている。

（特定離島港湾施設の存する港湾における水域の占用の許可等）
第九条　特定離島港湾施設の存する港湾において、当該港湾の利用又は保全上特に必要があると認めて国土交通大臣が水域（政令で定めるその上空及び水底の区域を含む。）を定めて公告した場合において、その水域において、次に掲げる行為をしようとする者は、国土交通省令で定めるところにより、国土交通大臣の許可を受けなければならない。
一　水域の占用（公有水面の埋立てによる場合を除く。）
二　土砂の採取
三　前二号に掲げるもののほか、港湾の利用又は保全に支障を与えるおそれのある政令で定める行為

【施行令】

（特定離島港湾施設の存する港湾において占用の許可等を要する水域の上空及び水底の区域）

第二条　法第九条第一項の政令で定める区域は、水域の上空百メートルまでの区域及び水底下六十メートルまでの区域とする。

（特定離島港湾施設の存する港湾の利用又は保全に支障を与えるおそれのある行為）

第三条　法第九条第一項第三号の政令で定める行為は、特定離島港湾施設の存する港湾ごとに国土交通大臣が指定する廃物の投棄とする。

2　国土交通大臣は、河川法（昭和三十九年法律第百六十七号）第三条第一項に規定する河川に係る同法第六条第一項に規定する河川区域又は海岸法第三条第一項の規定により指定される海岸保全区域について、前項の水域を定めようとするときは、当該河川を管理する河川法第七条に規定する河川管理者又は当該海岸保全区域を管理する海岸法第二条第三項に規定する海岸管理者に協議しなければならない。

3　国土交通大臣は、第一項の行為が、港湾の利用又は保全に著しく支障を与えるものであるときは、同項の許可をしてはならない。

4　国土交通大臣は、特定離島港湾施設の建設又は改良の工事のために必要な場合その他の港湾の機能の維持若しくは増進又は公益上の観点から特に必要なものとして政令で定める場合を除き、特定離島港湾施設である泊地その他の国土交通省令で定める水域施設について第一項第一号又は第三号の行為に係る同項の許可をしてはならない。

【施行令】

（水域施設について水域の占用の許可等を行うことができる場合）

第四条　法第九条第四項の政令で定める場合は、次に掲げる場合とする。
一　特定離島港湾施設の建設、改良、維持又は復旧の工事のため水域の占用が必要となる場合
二　前号に掲げるもののほか、拠点施設に電気を供給するための電線路その他の特定離島における排他的経済水域及び大陸棚の保全及び利用に関する活動に必要な工作物の設置又は管理のため水域の占用が必要となる場合
三　沈没船その他の物件の引揚げのため水域の占用が必要となる場合

5　国又は地方公共団体が第一項の行為をしようとする場合には、同項中「国土交通大臣の許可を受けなければ」とあるのは「国土交通大臣と協議しなければ」と、前二項中「許可をしては」とあるのは「協議に応じては」とする。
6　国土交通大臣は、国土交通省令で定めるところにより、第一項第一号又は第二号の行為に係る同項の許可を受けた者から占用料又は土砂採取料を徴収することができる。
7　国土交通大臣は、国土交通省令で定めるところにより、偽りその他不正の行為により前項の占用料又は土砂採取料の徴収を免れた者から、その徴収を免れた金額の五倍に相当する金額以下の過怠金を徴収することができる。

特定離島港湾施設を利用する船舶は公有水面を航行するものであるが、公有水面は一般に自由使用の原則に委ねられているものであり、特定離島港湾施設の周辺における一定の公有水面において、水域の占用や土砂の採取など、港湾の利用又は保全に支障を与えるおそれのある行為が行われることにより、当該施設の機能が適切に確保されず、基本計画に定める排他的経済水域等の保全及び利用に関する活動に支障が生ずるおそれがある。このため、第九条から第十三条までの規定に、特定離島港湾施設の周辺の水域において港湾法第五十六条の規定により都道府県知事が公告する水域に係る規定（港湾法第五十六条、第五十六条の二、第五十六条の四、第五十六条の五、第五十六条の六）と同様の規定を措置している。

第九条は特定離島港湾施設の存する港湾における港湾の水域の占用許可等に係る規定であり、港湾法第五十六条に相当するものである。

第一項は、特定離島港湾施設の存する港湾において、港湾の利用又は保全上特に必要があると認めて国土交通大臣が水域を定めて公告したときは、その水域で水域の占用、土砂の採取等の行為をする者は国土交通大臣の許可を得なければならないこととしている。

「特定離島港湾施設の存する」とあるのは、基本計画で定めた港湾の施設が完成していることを要件とするものではなく、基本計画で定めた港湾の施設が一定程度存在していれば足りる。例えば、泊地を特定離島港湾施設とする場合であって、現状の水深が五メートル程度であるときに、基本計画上水深を八メートルと設定していたような場合、八メートルの水深が確保されなければ「特定離島港湾施設の存する」と認められないものではなく、現に改良対象となる当該泊地が存在していれば「特定離島港湾施設の存する」ものとして認められることとなる。

「水域」には政令で定める水域の上空及び水底の区域を含む。政令では、上空百メートル以内と水底下六十メートルの区域が定められているが、これは特定離島港湾施設の建設、改良、維持又は復旧の工事に必要となる空間を確保するため、作業船や起重機等の大きさや基礎杭等の長さを考慮して設定しているものである。

許可対象の行為は「水域の占用」（第一号）「土砂の採取」（第二号）「前二号に掲げるもののほか、港湾の利用又は保全に支障を与えるおそれのある政令で定める行為」（第三号）である。

「水域の占用」は、水域を排他独占的かつ継続的に使用するという特別の利用形態を指す。単に船舶を一時的に係留するような行為は含まれない。「水域の占用」には公有水面の埋立てによる場合を除くこととしている。これは、公有水面の埋立てについては、公有水面埋立法に基づく免許手続により埋立てに関する工事の是非について審査が行われていることから、あえて再度許可を必要とはしていないものである。

「土砂の採取」は、単に土砂を採掘し、これを自ら領得することをいう。従って、単に土砂を採掘するのみでは「土砂の採取」には該当しないが、施設の建設などのために土砂を採掘するような場合は「水域の占用」として規制の対象となるものと考えられる。なお、港湾法第五十六条第一項においては水域施設等の建設について水域の占用の例示として規定をしているが、本項においては、特定離島港湾施設の存する港湾の地理的条件を勘案すると、民間主体等が水域施設等の建設又は改良を行うことが典型的な事案とは考えられないため、当該行為を例示しなかったものである。したがって、両者の違いは例示の有無であって、規制の内容そのものの違いではないことに注意が必要である。

第三号の政令で定める行為については、政令において国土交通大臣が個別の港湾ごとに指定する廃物の投棄を規定している。廃物として想定しているものは、ごみ、燃えがら、鉱さい、廃木、土砂及び残さいや、廃液や汚泥などであるが、これらが特定離島港湾施設に与える影響は港湾の地理的特性や施設の構造などにより異なるため、具体的に許可の対象とする廃物は港湾ごとに指定するものとしている。

本項の規定による許可の申請の手続については国土交通省令に委任されており、省令においては、例えば、第一号の「水域の占用」の場合であれば、水域の占用の目的、期間、場所、方法について記載した申請書を国土交通大臣に提出することとされている。

第二項は、第一項の水域を定める際の関係する河川管理者や海岸管理者との調整について定めているものである。河川法第三条第一項に規定する河川（一級河川・二級河川）の河川区域や海岸法第三条の規定により指定される海岸保全区域に第一項の水域を定めようとするときは、国土交通大臣はあらかじめこれらの管理者と協議しなければならないとするものである。これは、これらの区域においては河川管理者や海岸管理者がそれぞれ公物管理上必要な工事等を行うことが想定される中で、国土交通大臣が第一項の水域を定めて本法に基づく公物管理権を行使するに当たっては、これらの管理者との調整が不可欠であるとの考え方によるものである。

第三項は、第一項の国土交通大臣の許可を要する行為についての許可基準を定めており、港湾の利用又は保全に著しく支障を与えるものであるときは、許可をしてはならないこととしている。なお、港湾においてはその利用及び保全の形態が多岐にわたるものであり、様々な利用の要請があることを踏まえ、許可を禁止する行為についてはより厳格に要件を規定すべきとの観点から「著しく」支障を与えることを要件としている。

第四項は、一定の水域施設について水域の占用等の許可を禁止する規定である。泊地その他の水域施設（国土交通省令により、航路、泊地及び船だまりを規定している。）において水域の占用が行われる場合には、港湾の機能に著しく支障を与えるおそれがあることから、許可をしてはならないこととしている。なお、特定離島港湾施設の建設又は改良の工事のために必要な場合など、港湾の機能の維持若しくは増進又は公益上の観点から特に必要なものとして政令で定める場合については、例外的に占用許可を認めることとしている。

第五項は、国又は地方公共団体が第一項の行為をしようとする場合における許可の特例に係る規定である。国又は地方公共団体については、その性格から許可によることが適当でないため、許可に代えて協議をもって足りることとしているものである。

第六項は、占用料又は土砂採取料の徴収についての規定である。国土交通大臣が港湾法第五十六条に基づくものと同様の公物管理権を取得することになることに伴い、占用料又は土砂採取料の徴収権限についても国土交通大臣に付与したものである。占用料及び土砂採取料の基準は国土交通省令に委任されており、近傍類地の地代又は近傍類地における土砂採取料等を考慮して国土交通大臣が定めるものとした上で、公益上特に必要があると認めるときは減免も可能としている。

第七項は、偽りその他不正の行為により第六項の占用料又は土砂採取料の徴収を免れた者に対する過怠金の徴収について規定しており、港湾法第三十七条第五項における例に倣い、徴収を免れた額の五倍以内の過怠金を徴収できることとしている。なお、過怠金の額は国土交通省令に委任されており、徴収を免れた金額の五倍に相当する金額を徴収することとしている。

なお、本条には、港湾法第三十七条第六項（港湾法第五十六条第三項において準用）のように占用料等の帰属についての規定をおいていないが、これは、国土交通大臣が占用料等を徴収する場合、特段の規定をおくことなく国の収入となることが自明であり、最近の立法例などとの権衡も考慮して規定をしなかったものである。したがって、占用料等は当然に国に帰属する。

第十条　何人も、前条第一項の規定により公告されている水域内において、みだりに、船舶その他の物件で国土交通大臣が指定したものを捨て、又は放置してはならない。
2　国土交通大臣は、前項の規定による物件の指定をするときは、国土交通省令で定めるところにより、その旨を公示しなければならない。これを廃止するときも、同様とする。
3　前項の指定又はその廃止は、同項の公示によってその効力を生ずる。

港湾法第五十六条の二に相当する規定である。

第一項は、第九条第一項の規定により公告されている水域内において、みだりに、船舶その他の物件で国土交通大臣が指定したものを捨て、又は放置してはならないものとしている。港湾法においては、放置艇や放置物件の存在が、港湾内の船舶航行や一般公衆の港湾施設利用などの障害となり、港湾の公物としての機能に支障を及ぼす場合が見受けられるが、港湾の自由使用との関係上、水域占用許可（港湾法第三十七条第一項第一号、同法第五十六条第一項）の違反を根拠とした規制が困難であるため、占用許可と別個にこの規定をおいているものである。

放置等禁止の対象となる物件については、船舶その他の物件で国土交通大臣が指定するものである。港湾法においては、港湾区域内において放置禁止区域を別に定めることとされているが、本法においては、放置等禁止物件を指定した場合には、第九条第一項の規定により公告されている水域内に一律に適用されることとなる。

禁止される行為は「禁止物件をみだりに捨て、又は放置する行為」である。「みだりに」とは、正当な権原又は社会通念上の正当な理由に基づかない場合をいい、例えば特定離島港湾施設である係留施設の使用許可を得た船舶や、事故や災害により社会的に許容されうる影響の範囲内でやむを得ず一時的に物件を捨て、又は放置した場合などは、正当な権原や社会通念上の正当な理由を有しているものと解されるので「みだりに」した行為には該当しないものと考えられる。

「捨て」とは、占有を放棄する意思で物件を廃棄することをいう。一般に、当該物件が廃棄されたものかどうかは、人が占有の意思を放棄し、かつその所持から離脱せしめたことが客観的に判断されるかどうかによって個別に判断することとなる。

「放置」とは、物件を直ちに移動できないような状態で放っておくことをさす。「捨て」が占有の意思の放棄をその概念に含むのに対し、占有の意思が保持されているものが「放置」として評価されうることになる。なお、禁止行為に該当するのは単なる「放置」ではなく、「みだりに」行う「放置」であることに注意する必要がある。

なお、他法令において海洋汚染及び海上災害の防止等に関する法律（昭和四十五年法律第百三十六号）第十条第一項、同法第四十三条第一項、廃棄物の処理及び清掃に関する法律

（昭和四十五年法律第百三十七号）第十六条などにおいてゴミの投棄や船舶の放置を禁止する規定があり、同一行為が港湾法及びこれらの他法令のいずれにも違反することが考えられるが、この場合には、本法の規定とこれら他法令とは、各々その規制目的が異なり、一般法・特別法の関係にはないことから「観念的競合」となり、これらの法律が定める罰則のうち最も重い量刑を定めるものにより処断されるものと考えられる。

第二項と第三項は、物件指定の公示について規定しているものである。国土交通大臣は、第一項の放置禁止物件の指定をするときは、その旨を公示しなければならない。公示手続については国土交通省令に委任されており、官報又は新聞紙への掲載のほか、公告水域又はその周辺の見やすい場所に掲示して行うものとされているほか、原則として、当該公示に係る指定の適用の日の十日前までに行わなければならないこととしている。放置禁止物件の指定又はその廃止は、第二項の公示によってその効力を生ずることとなる。

（監督処分）

第十一条　国土交通大臣は、次に掲げる者に対し、工事その他の行為の中止又は工作物若しくは船舶その他の物件（以下この条において「工作物等」という。）の撤去、移転若しくは改築、工事その他の行為若しくは工作物等により生じた若しくは生ずべき障害を除去し、若しくは予防するため必要な施設の設置その他の措置をとること若しくは原状の回復（第三項及び第九項において「工作物等の撤去等」という。）を命ずることができる。

一　第九条第一項の規定に違反して、同項各号に掲げる行為をした者

二　第九条第一項の規定による許可に付した条件に違反した者

三　偽りその他不正な手段により第九条第一項の規定による許可を受けた者

四　前条第一項の規定に違反した者

2　国土交通大臣は、前項第二号又は第三号に該当する者に対し、第九条第一項の規定による許可を取り消し、その効力を停止し、その条件を変更し、又は新たな条件を付することができる。

3　第一項の規定により工作物等の撤去等を命じようとする場合において、過失がなくて当該工作物等の撤去等を命ずべき者を確知することができないときは、国土交通大臣は、当該工作物等の撤去等を自ら行い、又はその命じた者若しくは委任した者にこれを行わ

せることができる。この場合においては、相当の期限を定めて、当該工作物等の撤去等を行うべき旨及びその期限までに当該工作物等の撤去等を行わないときは、国土交通大臣又はその命じた者若しくは委任した者が当該工作物等の撤去等を行う旨を、あらかじめ、公告しなければならない。

4　国土交通大臣は、前項の規定により工作物等を撤去し、又は撤去させたときは、当該工作物等を保管しなければならない。

5　国土交通大臣は、前項の規定により工作物等を保管したときは、当該工作物等の所有者、占有者その他当該工作物等について権原を有する者（第九項において「所有者等」という。）に対し当該工作物等を返還するため、国土交通省令で定めるところにより、国土交通省令で定める事項を公示しなければならない。

6　国土交通大臣は、第四項の規定により保管した工作物等が滅失し、若しくは破損するおそれがあるとき、又は前項の規定による公示の日から起算して三月を経過してもなお当該工作物等を返還することができない場合において、国土交通省令で定めるところにより評価した当該工作物等の価額に比し、その保管に不相当な費用又は手数を要するときは、国土交通省令で定めるところにより、当該工作物等を売却し、その売却した代金を保管することができる。

7　国土交通大臣は、前項の規定による工作物等の売却につき買受人がない場合において、同項に規定する価額が著しく低いときは、当該工作物等を廃棄することができる。

8　第六項の規定により売却した代金は、売却に要した費用に充てることができる。
9　第三項から第六項までに規定する撤去、保管、売却、公示その他の措置に要した費用は、当該工作物等の返還を受けるべき所有者等その他当該工作物等の撤去等を命ずべき者の負担とする。
10　第五項の規定による公示の日から起算して六月を経過してもなお第四項の規定により保管した工作物等（第六項の規定により売却した代金を含む。以下この項において同じ。）を返還することができないときは、当該工作物等の所有権は、国に帰属する。

港湾法第五十六条の四に相当する規定であり、第九条又は第十条の義務履行確保を図るべく、これらの規定に違反した者等に対する監督処分を定めているものである。

第一項及び第二項において、監督処分の対象とその内容について規定している。

監督処分の対象は、同項各号に掲げる者、すなわち

①　第九条第一項の規定に違反して、同項各号に掲げる行為をした者
②　第九条第一項の規定による許可に付した条件に違反した者
③　偽りその他不正な手段により第九条第一項の規定による許可を受けた者
④　第十条第一項の規定に違反した者

である。監督処分の内容については、

① 工事その他の行為の中止の命令

② 工作物等の撤去、移転若しくは改築の命令

③ 工事その他の行為若しくは工作物等により生じた若しくは生ずべき障害の除去若しくは予防するため必要な施設の設置その他の措置の命令

④ 原状の回復の命令

⑤ 許可の取消し、許可の効力の停止、許可の条件の変更、新たな条件の付与（許可の条件違反、不正手段により許可を受けた場合に限る。）

となっている。

なお、港湾法第五十六条の四第一項と異なり二つの項に分割して規定されているが、これは、規定の内容をわかりやすくする観点から行ったものであって、行うことのできる監督処分には違いがない。

第三項以降においては、第一項の規定により工作物の撤去等を命じようとする場合において、過失がなくて当該工作物等の撤去等を命ずべき者を確知することができないときの措置（簡易代執行制度）について、港湾法第五十六条の四第二項から第九項までと同趣旨の規定をおいている。

簡易代執行制度を行う場合は、「過失がなくて当該工作物等の撤去等を命ずべき者を確知

することができない」（第三項）場合である。これに該当する場合としては、例えば、船舶法に基づく船舶原簿（総トン数二十トン以上の船舶）、小型船舶の船籍及び総トン数の測度に関する政令に基づく船籍簿（総トン数五トン以上二十トン未満の船舶（漁船を除く。））、漁船法に基づく漁船原簿（漁船（総トン数一トン未満の無動力船を除く。））などの情報や、必要に応じた追跡調査等によっても、所有者を確認できないような場合が考えられる。以上のような対応等によって当該措置を命ずべき者が確知できた場合は、原則どおり法第十一条第一項又は第二項の規定によることとなり、当該措置を命ずべき者が所要の措置を講じない場合は行政代執行法（昭和二十三年法律第四十三号）の規定により代執行を行うことができることとなる。

簡易代執行により撤去した工作物等については、国土交通大臣が保管することとなる。保管した工作物等については、所有者等への返還のため、一定の事項を公示しなければならないこととされている。

公示事項及び公示方法は国土交通省令に委任されており、公示事項及び公示方法は次のようになっている。

（公示事項）

① 工作物等の名称又は種類、形状及び数量

② 工作物等の放置されていた場所及び当該工作物等を撤去した日時

③　工作物等の保管を始めた日時及び保管の場所

④　①から③までのほか、工作物等を返還するため必要と認められる事項

（公示方法）

①　公示事項を、保管を始めた日から起算して十四日間、当該工作物等の放置されていた場所を管轄する地方整備局の事務所に掲示

②　公示の期間が満了しても、なお当該工作物等の所有者等の氏名及び住所を知ることができないときは、公示事項の要旨を官報又は新聞紙に掲載

となっている。

工作物等の性質によっては滅失・破損のおそれがあることや、長期間の保管に耐えないものも考えられることから、国土交通省令で定める評価方法により評価した当該工作物等の価額に比し、その保管に不相当な費用又は手数を要するときは、保管した工作物等を売却してその代金を保管することができることとなっている。国土交通省令においては、当該工作物等の購入又は製作に要する費用、使用年数、損耗の程度その他当該工作物等の価額の評価に関する事項を勘案してするものとしているほか、必要があると認めるときは、国土交通大臣が評価に関し専門的知識を有する者の意見を聴くことができることとしている。

保管した工作物等（工作物を第六項の規定により売却した場合はその代金）については、所有者に返還することが原則である。本条の簡易代執行制度は、港湾の管理上必要な権限として認めているものの、所有権を必要以上に侵害すべきでないからである。

ただし、売却につき買受人がなく、評価額が著しく低い場合には、当該工作物等を廃棄することも認めている。売却の手続は国土交通省令に委任されており、原則として競争入札に付して行うこととされているほか、入札前日から起算して少なくとも五日前までに当該工作物等の名称又は種類、形状及び数量、当該競争入札の執行を担当する職員の職及び氏名、当該競争入札の執行の日時及び場所、契約条項の概要等を公示しなければならないこと等の手続が規定されている。

これらの簡易代執行の手続に要した費用は、当該工作物等の返還を受けるべき所有者等の負担となる。ただし、工作物等の廃棄については、上記のとおり、保管が原則である中で例外的な措置であることや、保管等と異なり、その廃棄が所有者等の利益になるものとは考えられないことから、その費用を所有者等の負担にはしていない。実際上も、保管の場合であれば所有者等が現れて工作物等の返還を求めたときに保管費用等を請求することも考えられるが、保管する工作物等が廃棄された後に廃棄費用を負担するために所有者等が手を挙げることは考えにくいところである。

第五項の規定による公示の日から起算して六ヶ月を経過してもなお第四項の規定により保管した工作物等を返還することができないときは、当該工作物等の所有権は、国に帰属することとしている。考え方は、遺失物の扱いなどと同様である。

（報告の徴収等）
第十二条　国土交通大臣は、この法律の施行に必要な限度において、国土交通省令で定めるところにより、第九条第一項の規定による許可を受けた者に対し必要な報告を求め、又はその職員に当該許可に係る行為に係る場所若しくは当該許可を受けた者の事務所若しくは事業所に立ち入り、当該許可に係る行為の状況若しくは工作物、帳簿、書類その他必要な物件を検査させることができる。
２　前項の規定により立入検査をする職員は、その身分を示す証明書を携帯し、関係人にこれを提示しなければならない。
３　第一項の規定による立入検査の権限は、犯罪捜査のために認められたものと解してはならない。

港湾法第五十六条の五に相当する規定である。

監督処分権者である国土交通大臣は、許可を与えた者から必要な報告を求め、又はその事務所等に職員を立ち入らせ当該許可に係る行為の状況及び必要な物件を検査させることができることとしている。なお、私人の活動に対する不当な干渉は厳に慎むべきであるため、立入検査職員に身分証明書の携帯及び提示を義務づけるとともに、この権限が本法の施行に必要な限度に限定し、犯罪捜査を目的とするものではない旨を明確にしている。もちろん身分証明書の様式は、国土交通省令で明確にされている。

（強制徴収）
第十三条　第九条第六項の規定に基づく占用料若しくは土砂採取料、同条第七項の規定に基づく過怠金又は第十一条第九項の規定に基づく負担金（以下この条において「負担金等」と総称する。）をその納期限までに納付しない者がある場合においては、国土交通大臣は、督促状によって納付すべき期限を指定して督促しなければならない。この場合において、督促状により指定すべき期限は、督促状を発する日から起算して二十日以上経過した日でなければならない。
2　国土交通大臣は、前項の規定による督促をした場合においては、国土交通省令で定めるところにより、延滞金を徴収することができる。この場合において、延滞金は、年十四・五パーセントの割合で計算した額を超えない範囲内で定めなければならない。
3　第一項の規定による督促を受けた者がその指定の期限までにその納付すべき金額を納付しないときは、国土交通大臣は、国税滞納処分の例により負担金等及び前項の延滞金を徴収することができる。この場合における負担金等及び延滞金の先取特権は、国税及び地方税に次ぐものとする。
4　延滞金は、負担金等に先立つものとする。

国土交通大臣は、占用料、土砂採取料、過怠金及び負担金について、その期限までに納付しない者に対し、強制徴収権を行使することができることとしている。港湾法第五十六条第一項の公告に係る水域においては、占用料、土砂採取料及び過怠金について、都道府県知事が地方自治法第二百三十一条の三の規定に基づき督促・滞納処分等を行ってきたところであるが、国が行う場合については一般的な規定がないため、負担金だけでなく、占用料、土砂採取料及び過怠金についても港湾法第五十六条の六と同様の手続を行うこととするため、所要の規定を設けたものである。

第九条第六項の規定に基づく占用料若しくは土砂採取料、同条第七項の規定に基づく過怠金又は第十一条第九項の規定に基づく負担金をその期限までに納付しない者がある場合においては、国土交通大臣は、督促状によって納付すべき期限を指定して督促しなければならない。この場合において、督促状により指定すべき期限は、督促状を発する日から起算して二十日以上経過した日でなければならない。

国土交通大臣は、当該督促をした場合においては、延滞金を徴収することができる。法律上は年十四・五パーセントを超えない範囲内とされているが、現在は、納付すべき期限の翌日からその納付の日までの日数に応じ負担金等の額に年十・七五パーセントを乗じて計算した額となっている。負担金等の額の一部につき納付があったときは、その納付の日以降の期間に係る延滞金については、負担金等の総額から納付済の負担金等の額を控除した額を基礎として計算される。延滞金の制度が、あくまで負担金等の履行の確保の趣旨であることから、負担金等の一部が納付された時点以降は、未納の負担金等に対してのみ延滞金がかかることにしているものである。

この督促を受けた者がその指定の期限までにその納付すべき金額を納付しないときは、国土交通大臣は、国税滞納処分の例により負担金等及び延滞金を徴収することができる。国税滞納処分の例とは、国税徴収法第五章の例により差押、換価、配当を行うことである。

第四項は、弁済の充当に当たる延滞金と他の債権との優先順位について定めているものであり、延滞金が優先するものとされている。

第五章　雑則

（許可の条件）

第十四条　国土交通大臣は、この法律の規定に基づく許可には、この法律の施行のために必要な限度において、条件を付すことができる。

2　前項の条件は、許可を受けた者に対し、不当な義務を課することとなるものであってはならない。

国土交通大臣は、この法律の規定に基づく許可には、この法律の施行のために必要な限度において、条件を付すことができる。ここでいう「条件」とは、狭義の意味の条件（停止条件・解除条件）ではなく、講学上の「附款」であり、期限、負担、撤回権の留保なども含むものである。

特定離島港湾施設の存する港湾の水域における第九条第一項の規定による許可に付した条件に違反した者については、第十一条第一項又は第二項の監督処分の対象となり、第十一条第一項の工作物等の撤去等の命令に従わない場合には罰則が適用されることとなっている。

（経過措置）
第十五条　この法律の規定に基づき政令又は国土交通省令を制定し、又は改廃する場合においては、それぞれ、政令又は国土交通省令で、その制定又は改廃に伴い合理的に必要と判断される範囲内において、所要の経過措置（罰則に関する経過措置を含む。）を定めることができる。
（権限の委任）
第十六条　この法律に規定する国土交通大臣の権限は、国土交通省令で定めるところにより、地方整備局長又は北海道開発局長に委任することができる。

この法律の規定に基づく事務を執行するにあたり所要の措置を設けたものである。

第十五条は、政令又は国土交通省令を制定し、又は改廃する場合においては、その制定又は改廃に伴い合理的に必要と判断される範囲内において、所要の経過措置を設けることができるとしたものである。

第十六条は、この法律に規定する国土交通大臣の権限は、国土交通省令で定めるところにより、地方整備局長又は北海道開発局長に委任することができるとしたものである。

第六章　罰則

第十七条　次の各号のいずれかに該当する者は、一年以下の懲役又は五十万円以下の罰金に処する。
一　第五条第一項の規定に違反して、同項各号に掲げる行為をした者
二　第九条第一項の規定に違反して、同項各号に掲げる行為をした者
三　第十条第一項の規定に違反した者
第十八条　次の各号のいずれかに該当する者は、五十万円以下の罰金に処する。
一　第七条第一項の規定による国土交通大臣の命令に違反した者
二　第十一条第一項の規定による国土交通大臣の命令に違反した者
第十九条　第十二条第一項の規定による報告をせず、若しくは虚偽の報告をし、又は同項の規定による検査を拒み、妨げ、若しくは忌避した者は、三十万円以下の罰金に処する。
第二十条　法人の代表者又は法人若しくは人の代理人、使用人その他の従業者が、その法人又は人の業務に関し、前三条の違反行為をしたときは、行為者を罰するほか、その法人又は人に対して各本条の罰金刑を科する。

罰則に関する規定である。低潮線保全区域及び特定離島港湾施設の存する港湾において国土交通大臣が定める水域に係る違反行為等については、類似の行為について他法令で罰則を規定しているものとバランスをとることが適当であり、低潮線保全区域については海岸法、特定離島港湾施設の存する港湾において国土交通大臣が定めた水域については港湾法の罰則規定と同水準のものを措置することとしている。

第十七条は、無許可占用等の法令違反に対する直罰規定であり、

① 第五条第一項の規定に違反して、同項各号に掲げる行為をした者
② 第九条第一項の規定に違反して、同項各号に掲げる行為をした者
③ 第十条第一項の規定に違反した者

について、一年以下の懲役又は五十万円以下の罰金に処することとしている。これらの行為については、公共の利益を害するものであり、直ちに排除すべきであるとの観点から、直罰規定の刑罰を重く設定している。

第三号に掲げる第十条第一項の規定に違反した者に対する第十七条の罰則規定については、廃棄物の処理及び清掃に関する法律（昭和四十五年法律第百三十七号）第十六条について措置されている罰則との関係が問題となるが、両法は、規制目的が異なり、一般法・特別法の関係にはないことから、同一行為がいずれの規定にも違反することになる場合は「観念的競合」となり、これらの法律が定める罰則のうち最も重い量刑を定めるものにより処断される

こととなると考えられる。

第十八条は国土交通大臣の監督処分命令に違反した者に対する間罰規定となっており、

① 第七条第一項の規定による国土交通大臣の命令に違反した者

② 第十一条第一項の規定による国土交通大臣の命令に違反した者

について、五十万円以下の罰金に処することとしている。

無許可占用等はそれ自体が公共の利益を害するものであり直ちに排除すべきであるとの観点から、直罰規定の刑罰を重く設定している一方で、監督処分における処分の実効性を確保する観点から一定の罰則を措置しているものである。なお、許可に付した条件に違反した者や不正手段により許可を受けた者については、監督処分命令違反に対する罰則のみが措置されている。許可を出している以上、直ちに直罰規定を適用させるものではなく、一義的には監督処分で解決すべきとの思想である。

第十九条は、第十二条第一項の規定による報告をせず、若しくは虚偽の報告をし、又は同項の規定による検査を拒み、妨げ、若しくは忌避した者は、三十万円以下の罰金に処することとしている。港湾法第五十六条の五の報告徴収についての罰則と同様の措置である。

第二十条はいわゆる両罰規定である。両罰規定は、海岸法及び港湾法において一般的に措置されており（海岸法第四十三条、港湾法第六十二条）、本法においても同様に措置することとしているものである。

第七章　施行期日

附　則

（施行期日）

第一条　この法律は、公布の日から起算して三月を超えない範囲内において政令で定める日から施行する。ただし、第二条第五項及び第七項、第三章、第十七条（第一号に係る部分に限る。）並びに第十八条（第一号に係る部分に限る。）並びに附則第五条の規定は、公布の日から起算して一年を超えない範囲内において政令で定める日から施行する。

この法律の施行日を定めたものである。

この法律は公布の日（平成二十二年六月二日）から起算して三月を超えない範囲内において政令で定める日から施行することとしたものであり、本法の施行期日を定める政令（平成二十二年政令第百五十六号）により、平成二十二年六月二十四日から施行することとされている。

ただし、第二条第五項及び第七項、第三章等の「低潮線保全区域」に係る規定については、全国に数百箇所存在する当該区域の指定に期間を要するため、法律の公布の日から起算して一年以内の政令で定める日から施行することとしたものである。

参考資料

1 低潮線保全法
2 低潮線保全法施行令
3 低潮線保全法基本計画
4 離島の基本方針

参考資料1

排他的経済水域及び大陸棚の保全及び利用の促進のための低潮線の保全及び拠点施設の整備等に関する法律〔平成二十二年六月二日法律第四十一号〕

目次

第一章　総則

（目的）

第一条　この法律は、我が国の排他的経済水域及び大陸棚が天然資源の探査及び開発、海洋環境の保全その他の活動の場として重要であることにかんがみ、排他的経済水域等の保持を図るために必要な低潮線の保全並びに排他的経済水域等の保全及び利用に関する活動の拠点として重要な離島における拠点施設の整備等に関し、基本計画の策定、低潮線保全区域における海底の掘削等の行為の規制、特定離島港湾施設の建設その他の措置を講ずることにより、排他的経済水域等の保全及び利用の促進を図り、もって我が国の経済社会の健全な発展及び国民生活の安定向上に寄与することを目的とする。

（定義等）

第二条　この法律において「排他的経済水域等」とは、排他的経済水域及び大陸棚に関する法律（平成八年法律第七十四号）第一条第一項の排他的経済水域及び同法第二条の大陸棚をいう。

2　この法律において「低潮線の保全」とは、排他的経済水域及び大陸棚に関する法律第一条第二項の海域若しくは同法第二条第一号の海域の限界を画する基礎となる低潮線又はこれらの海域の限界を画する基礎となる直線基線及び湾口若しくは湾内若しくは河口に引かれる直線を定めるために必要となる低潮線を保全することをいう。

3　この法律において「特定離島」とは、本土から遠隔の地にある離島であって、天然資源の存在状況その他当該離島の周辺の排他的経済水域等の状況に照らして、排他的経済水域等の保全及び利用に関する活動の拠点として重要であり、かつ、当該離島及びその周辺に港湾法（昭和二十五年法律第二百十八号）第二条第三項に規定する港湾区域、同法第五十六条第一項の規定により都道府県知事が公告した水域及び漁港漁場整備法（昭和二十五年法律第百三十七号）第六条第一項から第四項までの規定により市町村長、都道府県知事又は農林水産大臣が指定した漁港の区域が存在しないことその他公共施設の整備の状況に照らして当該活動の拠点となる施設の整備を図ることが特に必要なものとして政令で定めるものをいう。

4　この法律において「拠点施設」とは、特定離島において排他的経済水域等の保全及び利用に関する活動の拠点として整備される施設をいう。

5　この法律において「低潮線保全区域」とは、低潮線の保全が必要な海域（海底及びその下を含む。）として政令で定めるものをいう。

6　内閣総理大臣は、第三項の政令の制定又は改廃の立案をしようとするときは、あらかじめ、関係都道府県知事の意見を聴かなければならない。

7　低潮線保全区域は、低潮線の保全を通じて排他的経済水域等の保持を図るために必要な最小限度の区域に限って定めるものとし、やむを得ない事情により、海底の地形、地質その他の低潮線及びその周辺の自然的条件について、調査によってその確認を行うことができない海域については定めないものとする。

第二章　基本計画

（基本計画）

第三条 政府は、排他的経済水域等の保全及び利用の促進のため、低潮線の保全並びに拠点施設の整備、利用及び保全（次項において「拠点施設の整備等」という。）に関する施策の総合的かつ計画的な推進を図るための基本計画（以下「基本計画」という。）を定めなければならない。

2 基本計画には、次に掲げる事項について定めるものとする。

一 低潮線の保全及び拠点施設の整備等に関する基本的な方針

二 低潮線の保全に関し関係行政機関が行う低潮線及びその周辺の状況の調査、低潮線保全区域における海底の掘削等の行為の規制その他の措置に関する事項

三 特定離島を拠点とする排他的経済水域等の保全及び利用に関する活動の目標に関する事項

四 拠点施設の整備等の内容に関する事項

五 その他低潮線の保全及び拠点施設の整備等に関する事項

3 内閣総理大臣は、基本計画の案を作成し、閣議の決定を求めなければならない。

4 内閣総理大臣は、前項の規定による閣議の決定があったときは、遅滞なく、基本計画を公表しなければならない。

5 前二項の規定は、基本計画の変更について準用する。

（基本計画の推進）

第四条　国は、次章及び第四章並びに他の法律で定めるもののほか、基本計画に基づき、排他的経済水域等の保全及び利用の促進のため、低潮線及びその周辺の状況の調査、拠点施設の整備その他必要な措置を講ずるものとする。

第三章　低潮線保全区域

（低潮線保全区域内の海底の掘削等の許可）

第五条　低潮線保全区域内において、次に掲げる行為をしようとする者は、国土交通省令で定めるところにより、国土交通大臣の許可を受けなければならない。ただし、低潮線の保全に支障を及ぼすおそれがないものとして政令で定める行為については、この限りでない。

一　海底の掘削又は切土

二　土砂の採取

三　施設又は工作物の新設又は改築

四　前三号に掲げるもののほか、低潮線保全区域における海底の形質に影響を及ぼすおそれがある政令で定める行為

2　国土交通大臣は、前項の許可の申請があった場合において、その申請に係る事項が低潮線保全区域における低潮線の保全に支障を及ぼすおそれがないと認める場合でなければ、これを許可してはならない。

（許可の特例）
第六条 第九条第一項、海岸法（昭和三十一年法律第百一号）第八条第一項若しくは第三十七条の五、港湾法第三十七条第一項若しくは第五十六条第一項又は漁港漁場整備法第三十九条第一項の規定による許可を受けた者は、当該許可に係る事項については、前条第一項の規定による許可を受けることを要しない。
2 国又は地方公共団体が前条第一項の行為をしようとする場合には、同項中「国土交通大臣の許可を受けなければ」とあるのは「国土交通大臣と協議しなければ」と、同条第二項中「許可の申請」とあるのは「協議」と、「その申請」とあるのは「その協議」と、「これを許可しては」とあるのは「その協議に応じては」とする。

（監督処分）
第七条 国土交通大臣は、次に掲げる者に対し、その行為の中止、施設若しくは工作物の改築、移転若しくは撤去、施設若しくは工作物により生ずべき低潮線の保全上の障害を予防するため必要な施設の設置その他の措置をとること又は原状の回復を命ずることができる。
一 第五条第一項の規定に違反して、同項各号に掲げる行為をした者
二 第五条第一項の規定による許可に付した条件に違反した者
三 偽りその他不正な手段により第五条第一項の規定による許可を受けた者
2 国土交通大臣は、前項第二号又は第三号に該当する者に対し、第五条第一項の規定による許可を取り消し、その効力を停止し、その条件を変更し、又は新たな条件を付すること

ができる。

第四章　特定離島港湾施設

（特定離島港湾施設の建設等）

第八条　国の事務又は事業の用に供する泊地、岸壁その他の港湾の施設であって、基本計画において拠点施設としてその整備、利用及び保全の内容に関する事項が定められたもの（次条において「特定離島港湾施設」という。）の建設、改良及び管理は、国土交通大臣が行う。

（特定離島港湾施設の存する港湾における水域の占用の許可等）

第九条　特定離島港湾施設の存する港湾において、当該港湾の利用又は保全上特に必要があると認めて国土交通大臣が水域（政令で定めるその上空及び水底の区域を含む。）を定めて公告した場合において、その水域において、次に掲げる行為をしようとする者は、国土交通省令で定めるところにより、国土交通大臣の許可を受けなければならない。

一　水域の占用（公有水面の埋立てによる場合を除く。）
二　土砂の採取
三　前二号に掲げるもののほか、港湾の利用又は保全に支障を与えるおそれのある政令で定める行為

2　国土交通大臣は、河川法（昭和三十九年法律第百六十七号）第三条第一項に規定する河川に係る同法第六条第一項に規定する河川区域又は海岸法第三条第一項の規定により指定される海岸保全区域について、前項の水域を定めようとするときは、当該河川を管理する河川法第七条に規定する河川管理者又は当該海岸保全区域を管理する海岸法第二条第三項に規定する海岸管理者に協議しなければならない。

3　国土交通大臣は、第一項の行為が、港湾の利用又は保全に著しく支障を与えるものであるときは、同項の許可をしてはならない。

4　国土交通大臣は、特定離島港湾施設の建設又は改良の工事のために必要な場合その他の港湾の機能の維持若しくは増進又は公益上の観点から特に必要なものとして政令で定める場合を除き、特定離島港湾施設である泊地その他の国土交通省令で定める水域施設について第一項第一号又は第三号の行為に係る同項の許可をしてはならない。

5　国又は地方公共団体が第一項の行為をしようとする場合には、同項中「国土交通大臣の許可を受けなければ」とあるのは「国土交通大臣と協議しなければ」と、前二項中「許可をしては」とあるのは「協議に応じては」とする。

6　国土交通大臣は、国土交通省令で定めるところにより、第一項第一号又は第二号の行為に係る同項の許可を受けた者から占用料又は土砂採取料を徴収することができる。

7　国土交通大臣は、国土交通省令で定めるところにより、偽りその他不正の行為により前項の占用料又は土砂採取料の徴収を免れた者から、その徴収を免れた金額の五倍に相当する金額以下の過怠金を徴収することができる。

第十条　何人も、前条第一項の規定により公告されている水域内において、みだりに、船舶その他の物件で国土交通大臣が指定したものを捨て、又は放置してはならない。

2　国土交通大臣は、前項の規定による物件の指定をするときは、国土交通省令で定めるところにより、その旨を公示しなければならない。これを廃止するときも、同様とする。

3　前項の指定又はその廃止は、同項の公示によってその効力を生ずる。

（監督処分）

第十一条　国土交通大臣は、次に掲げる者に対し、工事その他の行為の中止又は工作物若しくは船舶その他の物件（以下この条において「工作物等」という。）の撤去、移転若しくは改築、工事その他の行為若しくは工作物等により生じた若しくは生ずべき障害を除去し、若しくは予防するため必要な施設の設置その他の措置をとること若しくは原状の回復（第三項及び第九項において「工作物等の撤去等」という。）を命ずることができる。

一　第九条第一項の規定に違反して、同項各号に掲げる行為をした者

二　第九条第一項の規定による許可に付した条件に違反した者

三　偽りその他不正な手段により第九条第一項の規定による許可を受けた者

四　前条第一項の規定に違反した者

2　国土交通大臣は、前項第二号又は第三号に該当する者に対し、第九条第一項の規定による許可を取り消し、その効力を停止し、その条件を変更し、又は新たな条件を付すること

ができる。

3 第一項の規定により工作物等の撤去等を命じようとする場合において、過失がなくて当該工作物等の撤去等を命ずべき者を確知することができないときは、国土交通大臣は、当該工作物等の撤去等を自ら行い、又はその命じた者若しくは委任した者にこれを行わせることができる。この場合においては、相当の期限を定めて、当該工作物等の撤去等を行うべき旨及びその期限までに当該工作物等の撤去等を行わないときは、国土交通大臣又はその命じた者若しくは委任した者が当該工作物等の撤去等を行う旨を、あらかじめ、公告しなければならない。

4 国土交通大臣は、前項の規定により工作物等を撤去し、又は撤去させたときは、当該工作物等を保管しなければならない。

5 国土交通大臣は、前項の規定により工作物等を保管したときは、当該工作物等の所有者、占有者その他当該工作物等について権原を有する者（第九項において「所有者等」という。）に対し当該工作物等を返還するため、国土交通省令で定めるところにより、国土交通省令で定める事項を公示しなければならない。

6 国土交通大臣は、第四項の規定により保管した工作物等が滅失し、若しくは破損するおそれがあるとき、又は前項の規定による公示の日から起算して三月を経過してもなお当該工作物等を返還することができない場合において、国土交通省令で定めるところにより評価した当該工作物等の価額に比し、その保管に不相当な費用又は手数を要するときは、国土交通省令で定めるところにより、当該工作物等を売却し、その売却した代金を保管することができる。

7　国土交通大臣は、前項の規定による工作物等の売却につき買受人がない場合において、同項に規定する価額が著しく低いときは、当該工作物等を廃棄することができる。

8　第六項の規定により売却した代金は、売却に要した費用に充てることができる。

9　第三項から第六項までに規定する撤去、保管、売却、公示その他の措置に要した費用は、当該工作物等の返還を受けるべき所有者等その他当該工作物等の撤去等を命ずべき者の負担とする。

10　第五項の規定による公示の日から起算して六月を経過してもなお第四項の規定により保管した工作物等（第六項の規定により売却した代金を含む。以下この項において同じ。）を返還することができないときは、当該工作物等の所有権は、国に帰属する。

（報告の徴収等）

第十二条　国土交通大臣は、この法律の施行に必要な限度において、国土交通省令で定めるところにより、第九条第一項の規定による許可を受けた者に対し必要な報告を求め、又はその職員に当該許可に係る行為に係る場所若しくは当該許可を受けた者の事務所若しくは事業所に立ち入り、当該許可に係る行為の状況若しくは工作物、帳簿、書類その他必要な物件を検査させることができる。

2　前項の規定により立入検査をする職員は、その身分を示す証明書を携帯し、関係人にこれを提示しなければならない。

３　第一項の規定による立入検査の権限は、犯罪捜査のために認められたものと解してはならない。

（強制徴収）

第十三条　第九条第六項の規定に基づく占用料若しくは土砂採取料、同条第七項の規定に基づく過怠金又は第十一条第九項の規定に基づく負担金（以下この条において「負担金等」と総称する。）をその納期限までに納付しない者がある場合においては、国土交通大臣は、督促状によって納付すべき期限を指定して督促しなければならない。この場合において、督促状により指定すべき期限は、督促状を発する日から起算して二十日以上経過した日でなければならない。

２　国土交通大臣は、前項の規定による督促をした場合においては、国土交通省令で定めるところにより、延滞金を徴収することができる。この場合において、延滞金は、年十四・五パーセントの割合で計算した額を超えない範囲内で定めなければならない。

３　第一項の規定による督促を受けた者がその指定の期限までにその納付すべき金額を納付しないときは、国土交通大臣は、国税滞納処分の例により負担金等及び前項の延滞金を徴収することができる。この場合における負担金等及び延滞金の先取特権は、国税及び地方税に次ぐものとする。

４　延滞金は、負担金等に先立つものとする。

第五章　雑則

（許可の条件）

第十四条　国土交通大臣は、この法律の規定に基づく許可には、この法律の施行のために必要な限度において、条件を付すことができる。

2　前項の条件は、許可を受けた者に対し、不当な義務を課することとなるものであってはならない。

（経過措置）

第十五条　この法律の規定に基づき政令又は国土交通省令を制定し、又は改廃する場合においては、それぞれ、政令又は国土交通省令で、その制定又は改廃に伴い合理的に必要と判断される範囲内において、所要の経過措置（罰則に関する経過措置を含む。）を定めることができる。

（権限の委任）

第十六条　この法律に規定する国土交通大臣の権限は、国土交通省令で定めるところにより、地方整備局長又は北海道開発局長に委任することができる。

第六章　罰則

第十七条　次の各号のいずれかに該当する者は、一年以下の懲役又は五十万円以下の罰金に処する。
一　第五条第一項の規定に違反して、同項各号に掲げる行為をした者
二　第九条第一項の規定に違反して、同項各号に掲げる行為をした者
三　第十条第一項の規定に違反した者

第十八条　次の各号のいずれかに該当する者は、五十万円以下の罰金に処する。
一　第七条第一項の規定による国土交通大臣の命令に違反した者
二　第十一条第一項の規定による国土交通大臣の命令に違反した者

第十九条　第十二条第一項の規定による報告をせず、若しくは虚偽の報告をし、又は同項の規定による検査を拒み、妨げ、若しくは忌避した者は、三十万円以下の罰金に処する。

第二十条　法人の代表者又は法人若しくは人の代理人、使用人その他の従業者が、その法人又は人の業務に関し、前三条の違反行為をしたときは、行為者を罰するほか、その法人又は人に対して各本条の罰金刑を科する。

附　則

（施行期日）

第一条　この法律は、公布の日から起算して三月を超えない範囲内において政令で定める日から施行する。ただし、第二条第五項及び第七項、第三章、第十七条（第一号に係る部分に限る。）並びに第十八条（第一号に係る部分に限る。）並びに附則第五条の規定は、公布の日から起算して一年を超えない範囲内において政令で定める日から施行する。

（港湾法の一部改正）

第二条　港湾法の一部を次のように改正する。

第五十六条の三第一項中「及び第五十六条第一項」を「並びに第五十六条第一項及び排他的経済水域及び大陸棚の保全及び利用の促進のための低潮線の保全及び拠点施設の整備等に関する法律（平成二十二年法律第四十一号）第九条第一項」に改め、同項ただし書中「但し」を「ただし」に改める。

（水産資源保護法の一部改正）

第三条　水産資源保護法（昭和二十六年法律第三百十三号）の一部を次のように改正する。

第十八条第一項中「若しくは同法」を「、同法」に、「に規定する水域」を「の規定により都道府県知事が公告した水域若しくは排他的経済水域及び大陸棚の保全及び利用の促進のための低潮線の保全及び拠点施設の整備等に関する法律（平成二十二年法律第四十一号）第九条第一項（特定離島港湾施設の存する港湾における水域の占用の許可等）の規定により国土交通大臣が公告した水域」に改め、同条第五項中「又は港湾管理者」を「若しくは港湾管理者」に、「同条第三項」を「若しくは同条第三項」に改め、「若しくは」を削り、「行おうとする」を「行い、若しくは国土交通大臣が排他的経済水域及び大陸棚の保全及び利用の促進のための低潮線の保全及び拠点施設の整備等に関する法律第九条第一項の規定による許可をし、若しくは同条第五項（特定離島港湾施設の存する港湾における国等の工事についての特例）の規定による協議に応じようとする」に改める。

（自衛隊法の一部改正）

第四条　自衛隊法（昭和二十九年法律第百六十五号）の一部を次のように改正する。

第百十五条の二第三項中「第百十五条の十七」を「第百十五条の二十三」に改める。

第百十五条の二十二の次に次の一条を加える。

（排他的経済水域及び大陸棚の保全及び利用の促進のための低潮線の保全及び拠点施設の整備等に関する法律の特例）

第百十五条の二十三　第七十六条第一項の規定により出動を命ぜられ、又は第七十七条の二の規定による措置を命ぜられた自衛隊の部隊等が排他的経済水域及び大陸棚の保全及び利用の促進のための低潮線の保全及び拠点施設の整備等に関する法律（平成二十二年法律第四十一号）第九条第一項の規定により許可を要する行為をしようとする場合における同条第五項の規定の適用については、撤収を命ぜられ、又は第七十七条の二の規定による命令が解除されるまでの間は、同項中「「国土交通大臣の許可を受けなければ」とあるのは「「国土交通大臣と協議しなければ」と、前二項中「許可をしては」とあるのは「協議に応じては」」とあるのは、「「国土交通省令で定めるところにより、国土交通大臣の許可を受けなければ」とあるのは、「あらかじめ、その旨を国土交通大臣に通知しなければ」」とする。

2　前項の規定により読み替えられた排他的経済水域及び大陸棚の保全及び利用の促進のための低潮線の保全及び拠点施設の整備等に関する法律第九条第五項の通知を受けた国土交通大臣は、同条第一項の規定により公告された水域に係る港湾の利用又は保全上必要があると認めるときは、当該通知に係る部隊等の長に対し意見を述べることができる。

第五条　自衛隊法の一部を次のように改正する。

第百十五条の二十三第一項中「第九条第一項」を「第五条第一項又は第九条第一項」に、「同条第五項」を「同法第六条第二項又は第九条第五項」に、「同項」を「同法第六条第二項中「「国土交通大臣の許可を受けなければ」とあるのは「国土交通大臣と協議しなければ」と、同条第二項中「許可の申請」とあるのは「協議」と、「その申請」とあるのは「その協議」と、「これを許可しては」とあるのは「その協議に応じては」」とあり、及び同法第九条第五項」に、「同条第一項」を「同法第二条第二項に規定する低潮線の保全上又は同法第五項」に改め、同条第二項中「第九条第五項」を「第六条第二項又は第九条第九条第一項」に、「又は」を「若しくは」に改める。

（海岸法の一部改正）

第六条　海岸法の一部を次のように改正する。

第四条第一項中「「公告水域」」を「この条及び第四十条において「公告水域」という。）、排他的経済水域及び大陸棚の保全及び利用の促進のための低潮線の保全及び拠点施設の整備等に関する法律（平成二十二年法律第四十一号）第九条第一項の規定により国土交通大臣が公告した水域（以下この条及び第四十条において「特定離島港湾区域」」に、「又は農林水産大臣」を「若しくは農林水産大臣」に改め、「都道府県知事に」の下に「、特定離島港湾区域については国土交通大臣に」を加える。

第十条第一項中「又は第五十六条第一項」を「若しくは第五十六条第一項又は排他的経済水域及び大陸棚の保全及び利用の促進のための低潮線の保全及び拠点施設の整備等に関する法律第九条第一項」に改める。

第四十条第一項第一号中「及び公告水域」を「、公告水域及び特定離島港湾区域」に改め、同項第三号中「基き」を「基づき」に改める。

（海洋水産資源開発促進法の一部改正）

第七条　海洋水産資源開発促進法（昭和四十六年法律第六十号）の一部を次のように改正する。

第五条第二項中「又は同法」を「、同法」に、「については」を「又は排他的経済水域及び大陸棚の保全及び利用の促進のための低潮線の保全及び拠点施設の整備等に関する法律（平成二十二年法律第四十一号）第九条第一項の規定により国土交通大臣が公告した水域（農林水産大臣が国土交通大臣と協議して指定するものを除く。）については」に、「又は当該」を「、港湾法第五十六条第一項の規定により公告された当該」に改め、「管理する都道府県知事」の下に「又は国土交通大臣」を加える。

理　由

我が国の排他的経済水域及び大陸棚が天然資源の探査及び開発、海洋環境の保全その他の活動の場として重要であることにかんがみ、これらの保全及び利用の促進を図るため、排他的経済水域等の保持を図るために必要な低潮線の保全並びに排他的経済水域等の保全及び利用に関する活動の拠点として重要な離島における拠点施設の整備等に関し、基本計画の策定、低潮線保全区域における海底の掘削等の行為の規制、特定離島港湾施設の建設その他の措置を講ずる必要がある。これが、この法律案を提出する理由である。

参考資料2

排他的経済水域及び大陸棚の保全及び利用の促進のための低潮線の保全及び拠点施設の整備等に関する法律施行令〔平成二十二年六月二十三日政令第百五十七号〕

内閣は、排他的経済水域及び大陸棚の保全及び利用の促進のための低潮線の保全及び拠点施設の整備等に関する法律（平成二十二年法律第四十一号）第九条第一項及び第四項の規定に基づき、この政令を制定する。

（特定離島）
第一条 排他的経済水域及び大陸棚の保全及び利用の促進のための低潮線の保全及び拠点施設の整備等に関する法律（以下「法」という。）第二条第三項の政令で定める離島は、沖ノ鳥島及び南鳥島とする。

（特定離島港湾施設の存する港湾において占用の許可等を要する水域の上空及び水底の区域）
第二条 法第九条第一項の政令で定める区域は、水域の上空百メートルまでの区域及び水底下六十メートルまでの区域とする。

（特定離島港湾施設の存する港湾の利用又は保全に支障を与えるおそれのある行為）
第三条 法第九条第一項第三号の政令で定める行為は、特定離島港湾施設の存する港湾ごとに国土交通大臣が指定する廃物の投棄とする。

（水域施設について水域の占用の許可等を行うことができる場合）

第四条　法第九条第四項の政令で定める場合は、次に掲げる場合とする。

一　特定離島港湾施設の建設、改良、維持又は復旧の工事のため水域の占用が必要となる場合

二　前号に掲げるもののほか、拠点施設に電気を供給するための電線路その他の特定離島における排他的経済水域及び大陸棚の保全及び利用に関する活動に必要な工作物の設置又は管理のため水域の占用が必要となる場合

三　沈没船その他の物件の引揚げのため水域の占用が必要となる場合

附　則　抄

（施行期日）

1　この政令は、法の施行の日（平成二十二年六月二十四日）から施行する。

附　則（平成二十二年七月二日政令第百六十七号）

この政令は、公布の日から施行する。

参考資料3

排他的経済水域及び大陸棚の保全及び利用の促進のための低潮線の保全及び拠点施設の整備等に関する基本計画

〔平成二十二年七月十三日　閣議決定〕

目　次

はじめに

この計画は、排他的経済水域及び大陸棚の保全及び利用の促進のための低潮線の保全及び拠点施設の整備等に関する法律（平成二十二年法律第四十一号。以下「法」という。）第三条に基づき、低潮線の保全並びに拠点施設の整備、利用及び保全に関する総合的かつ計画的な推進を図るための基本計画（以下「基本計画」という。）として閣議決定するものであり、海洋を管理する立場から我が国の明確な政策を示すものである。

我が国における排他的経済水域及び大陸棚（以下「排他的経済水域等」という。）の保全及び利用に関する活動は、まだ道半ばであり、計画・調査段階にあるもの、さらには検討の俎《そ》上に載ったばかりのものも少なくない。海洋立国を目指す我が国は、長期的かつ戦略的な視点を持って、排他的経済水域等の保全及び利用を推進することが必要である。こうした観点から、この基本計画では、特定離島を拠点とした様々な分野における新しい構想に基づいた活動についても、政府が支援し、推進すべき重要な施策の一つとして位置付けている。

排他的経済水域等の保全及び利用に関する諸施策を、政府として、実現に向けて着実に進めることを決意し、この基本計画として表すものである。

1 低潮線の保全及び拠点施設の整備等に関する基本的な方針

(1) 排他的経済水域等の重要性

一九九四年(平成六年)に発効した海洋法に関する国際連合条約(平成八年条約第六号。以下「国連海洋法条約」という。)は、沿岸国に対し、排他的経済水域においては、天然資源の探査、開発、保存及び管理のための主権的権利、経済的な目的で行われる探査及び開発のためのその他の活動(海水、海流及び風からのエネルギーの生産等)に関する主権的権利並びに人工島、施設及び構築物の設置及び利用、海洋の科学的調査並びに海洋環境の保護及び保全に関する管轄権を、また、大陸棚においては、大陸棚を探査しその天然資源を開発するための主権的権利を認めるとともに、排他的経済水域等における海洋環境の保全等についての義務を課している。

海に囲まれ、国土の面積も狭隘《あい》な我が国にとって、排他的経済水域等は、貴重な海洋エネルギー・鉱物資源の開発及び水産資源の利用を排他的に行うことが認められている貴重な場である。これら排他的経済水域等から得られる海洋エネルギー・鉱物資源や水産資源は我が国の経済活動や国民生活を支えるものであり、これらが安定的に供給されることは、我が国の経済社会の健全な発展及び国民生活の安定向上に大いに寄与するものである。また、持続的な水産資源の利用や多様な生態系の保全のため、良好な海洋環境を維持していくことも重要である。さらに、我が国の本土から遠隔地にある排他的経済水域等において、人為的影響が少ない環境で地球環境の調査や生態系の調査を行うことが科学的知見を高め、国際社会に貢献することも期待できる。

さらに、海洋分野の新フロンティアの開拓が我が国の「新成長戦略」（平成二十二年六月十八日閣議決定）にも位置付けられており、本計画を機に、海洋における再生可能エネルギーの開発・普及等の新たな形での排他的経済水域等の利用が今後一層促進されることが期待される。

このように、排他的経済水域等は、我が国にとって天然資源及び海洋における再生可能エネルギーの開発及び利用、海洋環境の保全、科学的知見の取得等の場として極めて重要なものである。

（２）排他的経済水域等の安定的な保全措置の方針

我が国の排他的経済水域等を安定的に保全するため、以下の方針に基づき措置を講じる。

排他的経済水域等は、国連海洋法条約において、通常、海岸の低潮線からなる基線を基礎として定められることが規定されている。このため、低潮線が何らかの事由により後退することがあれば、その面積が大幅に縮小するおそれがある。したがって、排他的経済水域等の安定的な保持のためには、排他的経済水域等の限界を画する基礎となる低潮線を保全する意義は非常に大きい。

このため、排他的経済水域等の基礎となっている低潮線の現状の把握や低潮線保全区域の適切な設定を行うとともに、人為的損壊の未然防止や自然侵食の進行の状況確認とそれに伴う保全措置が必要か否かを検討するため、低潮線の状況の監視・巡視等に関係機関が協力して取り組む。

低潮線保全区域の指定は、区域内における土地の掘削等の行為が禁止され、違反した場合には罰則を伴うものであることから、海底の地形、地質その他の低潮線及びその周辺の自然的条件について調査によって確認を行い、必要最小限度の区域に限らなければならない。

低潮線保全区域の指定は、我が国の領土にあるすべての排他的経済水域等の基礎となる低潮線を対象に行われるべきものであるが、現状では北方領土及び竹島の周辺海域については、法第二条第七項に定める「やむを得ない事情により、海底の地形、地質その他の低潮線及びその周辺の自然的条件について、調査によってその確認を行うことができない海域」に該当することから、当該区域の指定は行わないこととする。ただし、自然的条件について、調査によってその確認を行うことができることとなった時に、直ちに調査を行い低潮線保全区域として指定を行う。

(3) 排他的経済水域等の保全及び利用に関する活動の方針

国連海洋法条約により、沿岸国に認められている排他的経済水域等における天然資源の開発等のための主権的権利等を行使するとともに、海洋環境を保全する義務を果たすため、低潮線の保全及び拠点施設の整備等の措置を講ずるとともに、以下の方針に基づき活動を行う。

低潮線の保全及び拠点施設の整備等の措置により開発・利用の促進が期待される天然資源に関しては、我が国の排他的経済水域等に多様で豊富な水産資源やメタンハイドレート、海底熱水鉱床、コバルトリッチクラスト等の海洋エネルギー・鉱物資源が存在していることを踏まえ、これらの資源に係る主権的権利を適切に行使し、その円滑な開発・利用を推進する。また、今後の利用が期待されている洋上風力、波力、潮力、海洋温度差等の海洋における再生可能エネルギーの開発・利用及び自然環境をいかした新素材の開発や地球環境の観測、観測・研究拠点又は教育・観光の場としての活用に取り組む。これらの開発は、民間企業にとってリスクが高く、技術的な困難を伴うものも少なくないので、こうしたものについては、基礎調査や技術開発等について、国が先導的な役割を担う。

水産資源や海洋エネルギー・鉱物資源が自然によってはぐくまれた財産であること、また、自然環境そのものが財産であることに思いを致し、海洋環境の保全を推進する。例えば、開発と利用に当たっては、再生産可能な資源については持続可能な利用が実現されるよう努めるとともに、開発・利用に当たって海洋環境の保全との調和が図られるよう十分配慮して進めなければならない。

我が国の領土の十倍以上の広大な排他的経済水域等を保全し、利用するためには、効率的かつ計画的に活動を実施することが不可欠であるが、関係する行政機関も多岐にわたるため、内閣官房が中心となって関係行政機関が連携しなければならない。このため、各省庁がそれぞれ進めている開発・利用・保全の計画・施策及びその進捗状況等についても情報を共有し、連携・協力することにより、政府が一体となって活動を推進する。

(4) 排他的経済水域等の保全及び利用に関する活動を行うための施設、体制等の整備の方針

排他的経済水域等の保全及び利用に関する活動を支援するため、以下の方針に基づきハード及びソフト両面から環境整備を行う。

ハード面では、法第二条第三項に基づき定められた「特定離島」に港湾の施設を整備する。また、排他的経済水域等における天然資源の開発等のための主権的権利等を適切に行使するため、詳細な海底地形等を調査するための船舶の整備、機器の導入、排他的経済水域における水産資源の持続的利用を図るための漁場等の水産基盤の整備を推進する。なお、拠点施設の整備に当たっては、特定離島及び海洋の環境の保全に配慮しつつ進める。

ソフト面では、地理、気象・海象等の海洋に関する基礎的情報、調査結果等の各省庁の海洋情報及び低潮線に係る情報の一元化を進める。また、排他的経済水域等における天然資源の開発等のための主権的権利等を適切に行使するため、排他的経済水域等及び低潮線の調査、監視・巡視や低潮線保全区域における行為規制に係る法の執行、詳細な海底地形等の調査のための組織・人員等の体制を整備・強化する。

我が国の排他的経済水域等における権益を確保し、探査、開発等のための主権的権利を適切に行使するため、資源探査及び科学的調査に係る制度整備を検討し、適切な措置を講じる。

2 低潮線の保全に関し関係行政機関が行う低潮線及びその周辺の状況の調査、低潮線保全区域における海底の掘削等の行為の規制その他の措置に関する事項

(1) 低潮線の保全に関する基本的考え方

排他的経済水域等の基礎となる基線は、国連海洋法条約において、沿岸国が公認する海図に記載されている海岸の低潮線等と定められており、低潮線及びその周辺の測量・調査により低潮線及びその周辺の現状を把握する必要がある。

排他的経済水域等の基礎となっている低潮線の保全に当たっては、自然の陸地がそのまま保持されるよう、人為的損壊を未然に防止することが大変重要である。

(行為規制及び保全措置)

低潮線保全区域を設定し、低潮線保全区域内における海底の掘削等の行為を規制することにより、低潮線の人為的損壊を防止する。

排他的経済水域等の基礎となっている低潮線は、離島の海岸線など生活する住民が少ない

か又はいない場所に所在し、通常、人の目が行き届かない場合が多い。したがって、低潮線の保全を確実にするためには関係機関が協力して、人為的な損壊行為が行われていないか監視・巡視するとともに、自然侵食による形状の変化がないか調査を実施することが必要である。

また、自然侵食の進行等により低潮線の大幅な後退が認められる場合など保全措置が必要となった場合には、必要な対策の実施等について検討を行う。

(2) 関係行政機関が行う低潮線及びその周辺の状況の調査

ア　低潮線及びその周辺の状況の調査の実施

低潮線及びその周辺の現状を的確に把握するとともに海図への反映を図るため、詳細な海底地形等を調査することが可能な自律型潜水調査機器（AUV：Autonomous Underwater Vehicle）の導入及び測量船の整備等を推進するとともに、航空レーザー測量及び衛星写真の利用を含め、海底地形、地質及び海潮流等必要な調査を実施する。

イ　低潮線及びその周辺の情報の集約

（海洋情報の集約）

本年三月に海洋情報の所在を一元的に収集・管理・提供することを目指す海洋情報クリ

アリングハウスの運用を開始したところであり、引き続き、より広範囲の行政機関・学界等関係者による海洋情報の所在情報の登録を実施する。さらに、海洋情報をビジュアル化した電子基本情報図である海洋台帳の整備を推進する。

（低潮線データベースの構築）

低潮線の保全を確実かつ効率的に実施していくため、低潮線に係る位置、行政区分、図面、写真、利用状況等の情報及び低潮線の所在する離島に係る名称、位置、施設等の情報の管理並びに関係行政機関での共有を可能とする政府内部用の低潮線データベースの構築を推進する。また、低潮線の保全に資する周期的な基本測量データ、海象データ、衛星写真、空中写真等の情報を所有する関係行政機関は、低潮線データベースへの情報提供に協力する。

（3）関係行政機関が行う低潮線保全区域における海底の掘削等の行為の規制

ア　低潮線保全区域の指定及び変更

低潮線保全区域内における行為規制は、国民の権利を制約することとなるため、その指定に当たっては区域を必要最小限とすべきである。したがって、区域指定に当たっては、現地の自然的条件等を確認して最小限の区域で低潮線の保全が実現されるよう適切に指定する。区域指定後であっても、その後の調査により自然的条件の変化が認められた等の場合には、区域の変更が必要か否かを検討し、必要な場合には、低潮線の保全に必要な区域変更を速やかに行う。

イ　低潮線保全区域における監視・巡視、違反者の監督処分に係る執行体制
低潮線保全区域の巡視体制の整備を図るとともに、巡視船艇及び航空機の機能を強化する等により低潮線保全区域及びその周辺海域の監視・警戒体制の強化を図る。また、監視・警戒・巡視から違反行為を確認した場合の監督処分に至るまでの事務に係る関係行政機関の連携手続きを定める。また、関係行政機関は、低潮線保全区域の監視・巡視等の実施及び協力に努める。

ウ　低潮線保全区域における代執行措置
監督処分を受けた違反者が当該処分に従わない場合には行政代執行を行う。

(4) 関係行政機関が行うその他の措置

ア　低潮線保全区域を有する離島等の管理
「海洋管理のための離島の保全・管理のあり方に関する基本方針」(平成二十一年十二月

一日総合海洋政策本部決定）において、「排他的経済水域の外縁を根拠付ける離島の基線を含む一定の区域について、国による取得を可能な限り促進するとともに、国有財産としての管理を行うための方策の検討に取り組む」こととされていることから、排他的経済水域等の安定的な保全に資することを目的として、排他的経済水域等の基礎となる低潮線の周辺の無主の土地について、早期に行政財産化する。

イ　低潮線の保全に資するその他の措置

関係行政機関は、低潮線保全区域と重複する海岸保全区域、港湾区域、漁港区域等において、低潮線の保全という法の趣旨を考慮し、当該区域の保全を推進する。

3　特定離島を拠点とする排他的経済水域等の保全及び利用に関する活動の目標に関する事項

（1）特定離島の指定

「排他的経済水域及び大陸棚の保全及び利用の促進のための低潮線の保全及び拠点施設の整備等に関する法律施行令」（平成二十二年政令第百五十七号）により、南鳥島及び沖ノ鳥島が指定されている。各島の特徴は以下のとおりである。

ア　南鳥島

我が国の国土の最東端に位置し、東京（二十三区）から約千九百五十キロメートル（小笠原群島父島から約千二百キロメートル）離れ、約四十三万平方キロメートルの排他的経済水域の面積を有する島である。同島は周囲が約六キロメートルほどの隆起サンゴ礁によって形成されており、太平洋プレート上にある日本で唯一の陸地であり、人間活動による周囲の自然環境への影響が少なく、陸域の影響を受けない太平洋上の孤島である。また、希少な鳥類の繁殖が確認されている。

従前から関係省庁による気象観測等が実施されている。また、周辺海域はコバルトリッチクラストの賦存が有望とされている。

イ　沖ノ鳥島

我が国の国土の最南端に位置し、東京（二十三区）から約千七百キロメートル（小笠原群島父島から約九百キロメートル）離れ、約四十二万平方キロメートルの排他的経済水域の面積を有する島であり、東小島及び北小島並びにそれらを取り囲む東西四・五キロメートル、南北一・七キロメートルの環礁で構成されている。同島はフィリピン海プレート上にあり、人間活動による周囲環境への影響が少なく、陸域の影響を受けない太平洋上の孤島である。

従前から島の侵食対策として、関係省庁により護岸の設置等による保全工事が実施され、国土保全上重要な施策となっている。また、周辺海域では東京都により、カツオ・マグロ類の大型回遊魚の漁場を造成するための活動などが行われている。

(2) 特定離島を拠点とした活動の目標

ア サンゴ増殖技術の開発・確立による国土保全

サンゴ礁の島では、国土保全対策の一つとして、サンゴや有孔虫などの島を形成する材料となる生物の生産を高め、生産されたサンゴの砂礫《れき》等を堆積させることによって、島の保全・再生を図ることが有効な手段と考えられている。そのために必要なサンゴ種苗生産技術、増殖基盤や効率的な移植技術等、一連のサンゴ増殖技術を開発・確立する。また、得られたサンゴ増殖技術等により、海面上昇の問題に直面する環礁国家に対して、島の保全・再生に必要な技術協力を実施する。

イ 海洋鉱物資源開発の推進

平成二十一年三月に総合海洋政策本部で了承された「海洋エネルギー・鉱物資源開発計画」に基づき、鉱物資源（コバルトリッチクラスト）の存在が期待される特定離島周辺海域において、資源の賦存量・賦存状況等のポテンシャルを把握するための基礎的調査を実施する。当該調査によって得られた成果を踏まえ、特定離島周辺海域における海洋鉱物資源の開発及び商用化を目指す。

ウ　持続的な漁業活動の推進

特定離島周辺海域は、漁場としての可能性が期待されている。当該海域において漁場調査を実施するとともに、漁業活動を支援するための漁場等の水産基盤の整備等について検討を進める。また、国民が持続的に経済活動を実施できるよう、適切な水産資源の管理を実施する。

エ　海洋における再生可能エネルギー技術の実用化に向けた取組

地球温暖化が進行する中、全世界で二酸化炭素排出削減を目指した再生可能エネルギーの活用が推進されている。しかしながら、我が国の海流・潮流発電、波力発電、海洋温度差発電等の海洋における再生可能エネルギーの実用化のためには、実証実験が必要とされており、大学や研究者からは効率的な実証試験を行うことのできる施設構築についてのニーズがある。これについて、特定離島及びそれらの周辺海域の自然環境、当該地域のエネルギー需要などの様々な検討要素を踏まえて、海洋における再生可能エネルギー技術の実証試験場としての可能性について検討する。

オ　自然環境をいかした新素材の開発
沖ノ鳥島は、その厳しい自然環境特性をいかし、海洋構造物の構造部材として用いることのできる新素材（繊維系複合材、超耐食性金属等）の技術評価試験を実施することに適していることから、技術評価試験の実施により新素材を開発する。

カ　人為的影響を受けない環境をいかした地球環境の観測等
島の特徴を踏まえた観測活動として、地上及び高層の気象や、温室効果ガス濃度等の観測を長期継続的に実施している。特に、南鳥島は国連専門機関である世界気象機関（WMO:World Meteorological Organization）における全球大気監視（GAW:Global Atmosphere Watch）計画の中で、世界二十六か所の観測点のうちの一つに指定され、我が国唯一の観測点となっている。今後も、観測環境を保全しつつ、同計画に資する温室効果ガス濃度等の地球環境の観測を実施する。

また、海象データの取得・活用による津波対策等防災への取組を推進する。

キ　広域的な地殻変動観測

全国約千二百か所に設置された電子基準点（ＧＰＳ連続観測点）とＧＰＳ中央局（茨城県つくば市）からなるＧＰＳ連続観測システムを運用しており、特に南鳥島及び沖ノ鳥島に設置されている電子基準点は、それぞれ太平洋プレート、フィリピン海プレートの運動を観測する上で、なくてはならない重要な観測点とされている。今後も、ＧＰＳ連続観測システムの運用によって、広域な地殻変動の連続的な観測を実施し、適切な国土管理を推進する。

ク　観測・研究活動の拠点としての環境整備

大学や研究機関等においては、島の特徴をいかした地球規模での環境関連の観測や、生態系、地球内部構造、海洋循環構造に関する観測を行う等の研究活動の拠点として利用することについてのニーズがある。このようなことから、研究者の島への移動手段や研究・宿泊施設等の利用に関するルール作りや関係省庁が行う協力・支援の枠組みなどについて検討を進める。

ケ　持続可能なエネルギーモデル

我が国本土から遠隔地にあり、周辺を海に囲まれた離島においては、島で必要とするエネルギーを太陽光、風力等の再生可能エネルギーで賄うことが効率的であり、また、環境に配慮した二酸化炭素の排出削減を推進する上でも重要である。

このようなことから、両島における活動にあたっては、必要とするエネルギーを再生可能エネルギーで賄う仕組みを構築するといった実験的な取組について併せて検討する。

コ　海洋保護区の設定等による生態系の適正な保全

両島及び周辺海域は孤立した地理的条件から、特徴的な生態系が維持され、かつ、サンゴ礁等は魚類を始めとする多様な生物の生息・生育の地となっていることから、これらの生態系及び海洋環境の適正な保全を総合的に推進する必要がある。このため、生態系の調査・研究やその保全への取組を行うとともに、現在進められている我が国の海洋保護区の設定の在り方に関する検討を踏まえ、海洋保護区の設定等による生態系の適正な保全方策について検討する。

サ　教育・観光の場としての活用等

我が国の海洋権益を確保する上で、両島が重要な役割を果たしていることを広く国民一般に周知することは重要である。このため、島への寄港や島に近接する航路をとる旅客船クルーズを企画・推奨する等により、海洋に囲まれた日本の国土の特色についての見識を深めることのできる教育や観光の場としての活用について検討する。また、気象情報の提供、イベント等を通じて、国民に両島を周知する方法等を検討する。

シ　特定離島の活動を支援するための海洋データ収集、海上の安全の確保等

特定離島の利活用を円滑に推進していくためには、特定離島周辺における海潮流等海洋の特性を的確に把握することが必要であることから、これら周辺海域において海潮流観測等を実施し、基礎データを収集する。

また、特定離島周辺海域における海上交通や海上利用の状況を把握し、必要に応じて灯台等の航路標識を整備する等により、海上交通の安全を確保する。

4　拠点施設の整備等の内容に関する事項

（1）拠点施設の整備等に関する基本的考え方

法第二条第三項に基づき定められた「特定離島」において、この基本計画の4に拠点施設の整備等の内容が定められた港湾の施設について、国土交通大臣が建設、改良及び管理を行う。さらに、特定離島を拠点とした排他的経済水域等をめぐる今後の状況に応じ、更なる施設の整備の必要性について検討することも考える。

（2）特定離島港湾施設の整備に関する内容

ア　南鳥島

国土交通大臣は、南鳥島及びその周辺海域で活動する船舶による係留、停泊、荷さばき等が可能となるよう、南鳥島南側海岸部に特定離島港湾施設（岸壁（延長百六十メートル・水深マイナス八メートル）及び泊地（水深マイナス八メートル）（附帯施設を含む））を整備する。

イ　沖ノ鳥島

国土交通大臣は、沖ノ鳥島及びその周辺海域で活動する船舶による係留、停泊、荷さばき、北小島等への円滑なアクセス等が可能となるよう、岸壁、臨港道路等の特定離島港湾施設の整備に必要となる現地測量調査等を行い、早期の整備を目指す。

5　その他低潮線の保全及び拠点施設の整備等に関する事項

（1）基本計画の進ちょく状況の総合海洋政策本部への報告

この基本計画に基づく低潮線の保全に関する措置、特定離島を拠点とする活動、拠点施設の整備等の毎年度の進ちょく状況について、翌年度速やかに総合海洋政策本部へ報告し、計画の着実な実施を図る。

(2) 施策の効果的な実施のための関係機関等の連携

法に基づく低潮線保全区域に係る事務の執行及び低潮線に関するデータの共有、特定離島を拠点とした排他的経済水域等の利用及びその促進についての関係省庁の情報共有、施策の連携及び効果的な実施、並びにその他法に関連する事務のため、関係省庁連絡会議を設置し、定期的に開催する。

(3) 国民への普及・啓発等

排他的経済水域等が、海洋エネルギー・鉱物資源が賦存し、水産資源を育む、価値の高い存在であることにかんがみ、我が国にとって排他的経済水域等の保全及び利用が重要であること等に関して、国民への普及及び啓発に努める。また、法の円滑かつ適切な実施のため、地方自治体・関係者等に理解と協力を要請する。

（4） 基本計画の見直し

この計画は、おおむね十年後の姿を目標にしているが、それまでの間にも、必要に応じ、柔軟に計画の見直しを行う。

参考資料4

海洋管理のための離島の保全・管理のあり方に関する基本方針

〔平成二十一年十二月一日　総合海洋政策本部〕

目　次

1　本方針の目的及び意義

我が国は、北海道、本州、四国、九州、沖縄本島のほか、海上に展開する六千余の島々（以下「離島」という。）で構成されている。これら離島は、国連海洋法条約に基づき、我が国が領海において領域主権を行使し、また、排他的経済水域等において海洋資源の開発等に関する主権的権利や海洋環境の保護及び保全に関する管轄権等の権利義務等を行使するための重要な根拠となっている。これら離島が広く海上に展開する結果、我が国は既に、国土面積の約十二倍に及ぶ世界有数の管轄海域を有するに至っている。

国土面積をはるかに超える広大な管轄海域の存在は、海洋の恩恵を受けつつ発展してきた我が国にとって極めて重要である。海上輸送や水産資源等食糧確保の場として重要であるのみならず、近年では、未利用のエネルギー・鉱物資源の存在が明らかとなるなど、今後の我が国の発展及び存続の基盤としてその重要性はさらに高まっている。

これら多様な海洋資源の活用に当たり、広く海上に展開する離島は、その活用を支え、促進する基盤となるべきものと期待される。さらに、離島には航行支援施設や気象・海象観測施設が設置されるなど、海洋における安全を確保するための基盤ともなっている。

一方、広大な管轄海域を活用するのみならず、海洋環境を適切な状態に保全することは、人類の存続のためにも我が国に課せられた義務である。特に離島周辺海域は浅海域を形成することに加え、陸域とも関連し、多様な生物の生息・生育の場を形成するなど、広大な海洋の中にあって、生物多様性の確保等の観点からも極めて重要な海域となっている。
さらに、長い人間と海との関わりの中で、歴史や伝統を形成している島も存在する。

このように、我が国がその管轄海域において、適切な権利の行使及び義務の履行等を通じて海洋を管理するに当たり、離島は重要な地位を占めることから、これら離島の役割を明確化するとともに、関係府省の連携の下、離島の保全及び管理を的確に行うための指針となる「海洋管理のための離島の保全・管理のあり方に関する基本方針」を、「海洋基本計画」（平成二十年三月十八日）に基づき策定する。

2 海洋管理のための離島の役割及び施策の基本的考え方

これまでの離島に関わる施策は、主として、島民の生活の安定及び福祉の向上、産業の振興等を目的とする施策であり、海洋基本計画第二部「10　離島の保全等　(2)　離島の振興」において言及されているが、これらの施策を今後とも推進すべきことは当然である。

一方、本基本方針は、海洋基本法及び海洋基本計画第二部「10　離島の保全等　（1）離島の保全・管理」を踏まえ、海洋から見た視点、海洋を管理する視点に基づき策定するものである。言い換えれば、海洋の管理を推進するに当たり、離島がどのような役割や重要性を持ち、それを適切に発揮させるためにどのような施策を推進するべきか、という観点から策定するものである。

このような海洋の視点に立って、離島の役割や重要性と、その実現に向けた施策の基本的な考え方を整理すると、おおむね以下の三点に集約することができるだろう。

（1）離島が安定的に存在することで、排他的経済水域など我が国の管轄海域の根拠となる役割

六千余に及ぶ離島のうち、有人島は四百余であり、その大部分は無人島である。有人島については、離島住民や漁業者の活動等の結果、その周辺海域も含め一定の取組がなされているが、無人島には遠隔に位置するものも多く、その状況の把握を含め、これまでに必ずしも十分な管理が行われてきたとは言えない状態にある。

このため、我が国の排他的経済水域等の外縁を根拠付ける離島について、我が国の権益の確保を図るため、海図に記載される低潮線等が排他的経済水域等の根拠となることを踏まえ、低潮線の位置等を最新の調査手法により迅速に把握し、海図を更新する。また、侵食等の自然現象への適切な対応や掘削による損壊等を防止するための措置等により、その保全・管理を行うとともに、海洋管理のための秩序維持の観点から、周辺海域における監視の強化を図る。

(2) 広大な海域における様々な活動を支援し促進する拠点としての役割

我が国の離島が広大な管轄海域に広く点在していることを踏まえ、海洋における様々な活動の状況や開発の可能性及びそれらの活動を支援し促進するニーズを把握し、遠隔に位置する離島における活動拠点の整備等に取り組む。

(3) 海洋の豊かな自然環境の形成や人と海との関わりにより形作られた歴史や伝統を継承する役割

離島周辺海域は、浅海域である等の地形的特徴をもち、陸の生態系と密接な関連を有している。このような離島及び周辺海域の自然環境の特性を把握するとともに、その状況に応じた適切な保全措置を講ずる。さらに、長い人と海との関わりの中で、海に関わる神聖なものとして人々に認識されるなど、様々な歴史や伝統を有する島も多く、その価値を適切に評価し、後世に残していく。

このように、広大な管轄海域を管理するための基礎として、また、海洋における様々な活動を支援するための拠点等として離島は機能するものであり、海洋における幅広い活動に対して受益をもたらし、様々なサービスを提供するものである。このため、これらの離島の機能を適切に発揮させるとともに、こうした幅広い活動が広く国際社会に貢献することを念頭に、以下に沿って施策を推進することとする。

なお、我が国は、離島を含む周辺海域において、周辺国との間で、排他的経済水域等の境界が画定していない海域を有しており、それに伴う問題に対しては、我が国の権益を確保しつつ、国際ルールに即し厳正かつ適切な対応を図る。

3 離島の保全・管理に関する施策のあり方

（1）海洋に関する我が国の管轄権の根拠となる離島の安定的な保全・管理に関する施策

（背景・必要性）

我が国は北海道、本州、四国、九州、沖縄本島と広く海上に展開する離島で構成されており、世界有数の広大な管轄海域を有している。排他的経済水域等の根拠となる基線は、国連海洋法条約において、沿岸国が公認する海図に記載される海岸の低潮線等と定められている。広大な海域に離島が展開する我が国においては、排他的経済水域等の外縁についてその大部分は離島の低潮線を根拠としており、これら排他的経済水域等の根拠となる離島、特に、我が国の外縁に位置する離島について、適切に保全し、管理することが不可欠である。

このため、海洋に関する我が国の管轄権の根拠となる離島について、波の作用による侵食や管轄海域の設定に関わる低潮線付近の掘削等に的確に対応するため、対象となる離島の状況の把握、行為の制限、状況に応じた保全工事の実施等の施策を適切に講じ、その安定的な存置を図る。

この際、我が国の排他的経済水域等の外縁を根拠付ける離島に関して、施策を優先的に講じることとし、その他の離島については、海洋管理上の重要度を勘案し、順次施策に取り組むこととする。

ア　我が国の排他的経済水域等の外縁を根拠付ける離島

（状況把握・データ収集）

排他的経済水域等の範囲を決定する基線を構成する離島及び低潮高地について、三角点や水路測量標の設置等によりその位置、形状等の基本的な情報を把握する。

また、その情報把握にあたっては、近年の調査技術の進捗により、これまで確認されていなかったような低潮高地を発見することが可能となっている。従って、海域の重要性等を考慮しつつ最新技術を用いた低潮線の調査を実施し、迅速に情報の更新を行うとともに、調査結果を基に関係する海図への反映を行う。

さらに、排他的経済水域の外縁を根拠付ける離島について、国公有地の状況等土地の保有・登記状況、当該離島及び周辺海域の利用状況、自然環境の状況、歴史的経緯等に関する調査を行い、基礎的なデータの収集、集積を行う。

（離島及び周辺海域における監視の強化）

排他的経済水域の外縁を根拠付ける離島及び低潮高地について、人工衛星画像や空中写真の周期的な撮影及び利用、関係府省及び関係機関が行う様々な海洋における活動に併せ、監視・把握の強化に努める。その際、必要に応じ、関係地方公共団体等の協力も得ながら、一層の状況把握に努める。

また、排他的経済水域の外縁を根拠付ける離島等を適切に管理する観点から、その周辺海域における海洋の秩序を維持し、我が国の権益を確保するため、巡視船等による監視・警戒の強化を図る。

（低潮線を変更させるような行為の規制等の推進）

排他的経済水域の外縁を根拠付ける離島の基線を含む一定の区域について、国による取得を可能な限り促進するとともに、国有財産としての管理を行うための方策の検討に取り組む。

また、排他的経済水域を決定する基線を含む一定の区域について、不当な占有や低潮線を変更させるような掘削による損壊等を規制する措置を講じるとともに、継続的な状況の監視や把握を通じて、波浪による侵食等に対応すべきと判断される場合には、状況に応じて、適切にその保全に取り組む。

（離島の保全のための関係府省による情報共有・対応体制の構築等）

排他的経済水域の外縁を根拠付ける離島について、得られたデータ及び把握した状況の共有を行うとともに、侵食の進行、地震や火山噴火の発生その他の緊急時への対応を迅速に行うための体制を構築する。

また、保全措置の円滑な実施のため、人員や物資等の輸送機能を確保する。

（離島の名称の適切な管理）

排他的経済水域の外縁を根拠付ける離島について、保全・管理を適切に行うとともに、国民の理解に資するため、それら離島に付されている名称を確認し、名称が不明確な場合には関係機関協議の上、名称を決定し付す。あわせて地図・海図等に明示し、統一した名称の活用を図る。

イ　上記以外の離島に関する施策
上記以外の離島については、上記の取組の状況を踏まえつつ、当該離島の重要性に応じて、順次、上記取組に準じて取り組む。

(2) 海洋における様々な活動を支援し促進する拠点となる離島の保全・管理に関する施策

(背景・必要性)

我が国周辺海域では、様々な海洋に関わる活動が行われている。また同時に、周辺海域には離島が広く展開していることから、これらの海洋に関わる活動を支援・促進するために、それら離島を活用することが有効である。

このため、海上安全の確保、災害に対する安全の確保、海洋資源の開発及び利用等、その役割・機能に応じて必要な拠点の整備等所要の施策を推進する。

ア　海洋資源の開発及び利用の支援
海上に広く展開する離島により構成される我が国周辺海域には、メタンハイドレート等のエネルギー資源、海底熱水鉱床等の鉱物資源が存在することが近年明らかになり、我が国にとって貴重な国産資源となることが期待されている。今後、平成二十一年三月二十四日に策定した「海洋エネルギー・鉱物資源開発計画」に基づき、離島の活用可能性についても念頭におきつつ、関係省庁等の関係機関及び民間企業が一体となって海洋資源の開発を推進する。

また、離島周辺はその地形的特性等のため良好な漁場を形成しているが、漁場の維持増進を図り、もって水産資源の持続的利用を促進するため、漁場環境の保全・再生に資する藻場、干潟、サンゴ礁等の維持管理、漁場の造成、漁場の開発に資する漁港の整備を推進する。

さらに、周囲を海洋に囲まれている、様々な気象・海象条件を有している、多種多様な海洋生物が生息・生育している、水質が良好である等の離島の特性を生かした、様々な調査研究の実験フィールド等としての活用を推進する。

イ　遠隔に位置する離島における活動拠点の整備

海洋における諸活動が、本土から遠く離れた海域でも安全かつ効率的に行えるよう、遠隔に位置する離島における活動拠点について、海洋における諸活動の状況、活動拠点の必要性、ニーズ、活動拠点の整備による海洋における諸活動に与える効果等の所要の調査を行い、その結果を踏まえて、燃料や物資の輸送や補給、荒天時の待避等が可能な活動拠点の整備を推進する。

ウ　海洋の安全の確保

我が国は世界有数の海運国、漁業国であり、我が国周辺海域では様々な目的を持つ多数の船舶が航行している。しかし、我が国は、アジアモンスーン地帯に位置し台風の常襲地帯であるほか、世界有数の地震国・火山国であるなど、様々な自然の脅威にさらされている。

このため、海上交通の安全の確保を図る観点から、海上交通や海上利用の状況を把握した上で、必要に応じて灯台等の航路標識を整備し、機能の向上を図るとともに、適切な管理等を行う。さらに、気象、海象の急変等に伴う船舶航行上の危難を回避するため、船舶が安全に避難するための港湾等の整備を推進する。あわせて、周辺海域における海難事故や不審船の発見等に関しては、巡視船等による監視・警戒体制の強化を促進するとともに、海上犯罪の予防・取締りや海難救助体制の強化を図る。

また、離島住民や漁業者等による海難救助活動や情報提供は、人命の保全や犯罪の防止に大きな効果を有していることから、これらの活動に対する住民等への協力依頼等の普及啓発、情報提供等を通じて、海上における事件・事故の緊急通報用電話番号「１１８番」の浸透及び着実な運用を図るとともに、住民等からの情報提供の促進等を図る。さらに、これら海上交通の安全の基礎となり、また、海洋由来の災害に対応するための基礎となる気象予報等の防災対策を推進するため、気象・海象観測機能等について、その確認、維持管理、必要に応じて機能向上を図る。

（3）海洋の豊かな自然環境の形成の基盤となる離島及び周辺海域の保全・管理に関する施策

（背景・必要性）

離島の周辺海域は、広大な海洋の中にあって浅海域を形成しているほか、多様な生物の生息・生育の場として、海洋の生態系を支える重要な海域である。さらに、これらの海域の生態系は離島陸域の生態系とも相互に関連しており、離島が海洋により他の地域から隔絶されていること、離島の中には本土と地続きになったことがない、又は、本土から独立して長時間経過しているため固有の生態系を有するものも多い、等の特徴もこのような離島及び周辺海域の自然環境を形成する一助となっている。

このため、離島周辺海域における自然環境の状況を把握するとともに、海域における保全措置に加え、陸域の自然環境の保全も併せて図る必要がある。

（状況把握・データ収集）

離島及び周辺海域の抱える生態系の特性に応じ、自然環境の状況を把握すべき地域において、自然環境の状況の調査、モニタリングを適切に行う。この際、陸域の固有種や希少種等のみならず、海洋生物は陸上からの栄養塩に依存しているなど、海域の生態系と陸域の生態系は密接に関連することから、海域と陸域にまたがる生態系の全体像の把握に努める。

（海洋保護区の設定等による保全・管理の推進）

離島及び周辺海域の生態系の状況を踏まえ、各離島及び周辺海域の豊かな生物多様性が将来にわたって保全される状況の確保を目指し、必要な野生生物の保護増殖を実施するとともに、それらを含む島しょ生態系の保全・管理施策を実施する。

このため、自然公園法、鳥獣保護法等に基づく各種保護区域等の充実や文化財保護法に基づく天然記念物等の適切な保護を図るほか、我が国における海洋保護区の設定のあり方を明確化した上で、その設定を推進することにより、離島及び周辺海域の自然環境の保全・管理を一体的に推進する。特に、自然公園法及び自然環境保全法の改正により創設された海域公園地区・海域特別地区は、従前の海中公園地区・海中特別地区に加え、干潟や岩礁など陸域との関連のもと保護措置を講ずることを可能とするものであるため、早急にその指定を推進する。

また、生息数の増加等により生態系に影響を与える種への対策や保護上重要な地域における外来種・適正な管理が行われない飼養動物等の侵入防止・駆除・防除の強化、固有種をはじめとする希少な野生動植物種の保護増殖を図ることで、脆弱な離島とその周辺海域の自然環境の保全を図る。

（離島における自然環境保全の取組の推進）

離島の開発等を行う際には、各々の離島の特性に応じて、自然環境への影響を回避・低減するよう努めるとともに、離島の土地利用の変化や移入種の生息に伴う裸地化等に起因する土砂等の流出、生活排水の流出等に伴う海域の汚染に対する対策を講じる。

離島周辺海域の藻場・干潟・サンゴ礁等は、魚類をはじめとする多様な生物の生息・生育の場であり、良好な海洋環境の維持に資することから、漁業者や地域住民等により行われる藻場・干潟・サンゴ礁等の維持管理等の取組を推進するとともに、海域への土砂流出の防止対策や栄養塩類等の供給・濁水の緩和等に寄与する森林の管理、整備及び保全を推進する。

さらに、離島の良好な景観や環境の保全を図る上で深刻な影響を及ぼし、海岸保全施設への影響等が懸念される漂流・漂着ゴミ対策を推進する。

（4）人と海との関わりにより形作られた離島の歴史や伝統の継承に関する施策

（背景・必要性）

離島の中には古来より航海における目印として、また、海に関わる神聖なものなどとして、人々に認識されているものもあり、それらは様々な形で今日まで伝わっている。これらを含め、人と海との関わりにより形作られた離島の歴史や伝統、景観について、適切に評価し、後世に残していく必要がある。

（状況把握・データ収集）

これらの歴史や伝統については、人々の生活様式の変化等に伴い失われるおそれが高いため、様々な資料や伝承の調査等により、その把握に努める。

（文化財の保護の推進）

人と海との長い関わりの中で形成された歴史や伝統、景観について、文化財保護法に基づく重要無形民俗文化財や名勝等の保護の推進を図るとともに、様々な手段により記録として残す等の措置により、これらの価値を広く周知するとともに、後世に継承するための措置を推進する。

4 離島の保全・管理に関する施策の推進体制等

（1）3（1）の施策に関する推進体制

国は、我が国の管轄権の根拠となる離島及び低潮高地の状況について、関係機関、地方公共団体、国民の協力を得ながら、その監視・把握に努めるとともに、離島に関する各種データの収集・蓄積を行う。

的確に離島を保全・管理し、変状の確認・対応等緊急を要する場合の意志決定を迅速に行うためには、状況の一元的な管理・把握が必要であることから、これら情報の集約および緊急時の一元的な対応を担う体制を政府部内に構築するとともに、当該事務を担う組織の整備を行う。

さらに、海洋に関する我が国の管轄権の根拠となる離島について、国及び地方公共団体による保全・管理の取組等に関して法制面も含め検討を行い、より的確な保全・管理の方策について、組織、予算、関係機関の役割分担、連携体制等を含め構築を図る。なお、検討は速やかに行い、早急に、より的確な保全・管理の方策について成案を得る。

（2）その他の施策に関する推進体制

３（2）～（4）に掲げる施策についても、複数府省に関わり、その緊密な連携を要する施策であることから、確実な推進が図れるよう、関係府省による連携体制を確立する。

また、特に、３（3）、（4）に掲げる施策の推進に当たっては、関連する情報を有効に活用するとともに、住民、ＮＰＯ、専門家等との連携・協力を図ることが重要である。

5 国民等に対する普及啓発

海上に展開する離島が我が国にとって不可欠な価値の高い存在であることにかんがみ、国民に対し、我が国にとっての離島の重要性、保全管理及び自然環境保全の必要性、歴史及び文化的価値等に関して普及・啓発を行う。また、島の名称についても、積極的に地図等に明示するとともに、統一した名称の活用を図る。

【逐条解説】 低潮線保全法

2011年3月3日　第1版第1刷発行

監　修　内閣官房総合海洋政策本部
　　　　　事務局
　　　　国土交通省港湾局
編　著　低潮線保全法研究会

発行者　松　林　久　行
発行所　株式会社大成出版社

東京都世田谷区羽根木1－7－11
〒156-0042 電話 03(3321)4131(代)
http://www.taisei-shuppan.co.jp/

印刷　信教印刷

ISBN978-4-8028-2982-3